情商高
就是会为人处世

吉林文史出版社
JILINWENSHICHUBANSHE

图书在版编目（CIP）数据

情商高就是会为人处世 / 焦庆锋主编 . -- 长春 : 吉林文史出版社 , 2019.6

ISBN 978-7-5472-5965-8

Ⅰ . ①情… Ⅱ . ①焦… Ⅲ . ①情商－通俗读物②人际关系学－通俗读物 Ⅳ . ① B842.6-49 ② C912.11-49

中国版本图书馆 CIP 数据核字 (2019) 第 030813 号

情商高就是会为人处世

QINGSHANG GAO JIUSHI HUI WEIRENCHUSHI

主　　编 / 焦庆锋

选题策划 / 文文姐姐

责任编辑 / 孙建军　董　芳

出版发行 / 吉林文史出版社有限责任公司

网　　址 / www.jlws.com.cn

版式设计 / 晴晨时代

印　　刷 / 三河市祥达印刷包装有限公司

版　　次 / 2019 年 6 月第 1 版　　2023 年 4 月第 2 次印刷

开　　本 / 880mm × 1230mm　1/32

字　　数 / 75 千字

印　　张 / 5

书　　号 / ISBN 978-7-5472-5965-8

定　　价 / 29.80 元

前言 Foreword

近几年，“情商”这个词越来越频繁地出现在我们眼前。所谓情商，是指人在情绪、意志、耐受挫折等方面的品质。可以说，人与人之间的情商并无明显的先天差别，更多与后天的培养息息相关。

对于现代人来说，情商是基本的生存能力。为什么这么说？简单地说，人的基本生存能力指的是一个人承担起自己人生的基本责任的能力。狭隘地讲，一个人基本的生存能力，就是具备基本的技能，然后用它来保证自己及家庭成员的衣食住行。具体地说，一个人的基本责任的能力就是不仅要解决好自己基本的衣食住行问题，还要承担起赡养父母、保证配偶有温饱的生活、孩子得到应有的教育等责任的能力。人们只有先承担起对自己的这种基本责任的能力，才有可能去承担更多的社会责任，去追求自己的梦想！

人们要承担起自己人生的基本责任，就必须具备相应的能力，而这种能力就是人生的基本能力。那么，人生的基本能力具体是指什么呢？人是各种社会关系的总和，人必须生活在“社会”之中，所以，与周围的人保持和谐的关系，是每一个人都必须具备的能力，这就是人生“基本的生存能力”。

一个人情商高低的主要标志是他关注周围的人感情程度的强烈与否。高情商的人都善于关注周围的人的感情，所以，他们在与对方沟通之前都会关注对方的感情状态，并会根据对方的感情状态选择合适的沟通方式；由于能选择合适的沟通方式，高情商的人能恰到好处地满足对方内心感情的需求，并引发双方感情的共鸣。从而与对方建立起和谐的人际关系，因此，可以说情商是人们保持友好人际关系的最佳工具，因而情商也是“人生基本的生存能力”。

我们生活在一个现实的社会，我们的外部环境和人有时候是无法改变的。这时就需要改变自己，只有变通才能适应这个社会。如果不想到处碰壁，你就要懂得一些人情事故，掌握一些社交技巧，只有这样，你才能游刃有余地灵活处世。

目录 Content

目录 Content

目录

Content

目录 Content

第一章　与人为善，胸怀坦荡

原则是生活中不可或缺的因素，做人做事都要以原则为导向。有原则的人往往是团体中最受欢迎的，这样的人具有令人无可抵挡的个人魅力。心存善念的人往往光明磊落，一言九鼎，他们会把名誉放在最重要的位置，甚至重于生命，让与之接触的人都十分放心。那么，怎样能在生活中做到坚持原则，与人为善、胸怀坦荡呢？

修炼人格魅力

形成稳定的人格魅力不是一蹴而就的，在于长久有效地修炼。古语有云："冰冻三尺，非一日之寒。"坚持每一天都严格要求自己，由内而外地提升个人综合素质。人格魅力体现在外在形象和内在涵养两方面，这样，才能具有表里如一的气质、独特的人格魅力，从而使得自己脱颖而出，将魅力作为自己的标签。

丽丽有一位表姐，在亲戚朋友中颇受好评，其中赞誉最多的就是她独特的个人魅力。表姐任一家外企的高管，普通的相貌因为出众的气质写满了不平凡，而且表姐的衣品很高，穿衣打扮得体又很时尚，再寻常的衣服经由她的搭配展示出来的都是别具一格的韵味。

让大家对表姐评价高的原因很多，但尤为重要的一点是，表姐的脸上总是洋溢着温暖自信的笑容，成熟女人的魅力和自信在举手投足间感染周围的人。丽丽从未听表姐提到过和旁人有过争吵，甚至没有见过表姐红脸，为人十分谦和。

有这样一位自信、独立、受人欢迎的楷模在自己身边，丽丽就把表姐作为自己的榜样，时时刻刻想要向表姐看齐。表面上的功夫相对好做，穿衣打扮经过训练也是可以提升的，可是表姐优雅的气质绝非一朝一夕就能学会的，只能当面请教表姐。于是，丽丽在一天来到表姐的公司等她下班。丽丽在等待的过程中，发现表姐的工作真的很忙，不断地有人来找她。可是，在表姐脸上看不到一丝厌倦，无论是对待经理还是普通员工，表姐脸上的笑容都同样温暖迷人，言辞礼貌得体。

表姐听到丽丽此行来的目的就笑出了声，温柔地说："傻丫头，你也把我说得太好了吧，我不过是生性乐观，善于发现事物好的一面啊！"

丽丽低下头说："可是我也很乐观啊，但从没听人说我有魅力啊！"

表姐继续笑着说："只有乐观也不够，要做个善良的人，宽容待人。最重要的是要有原则，思想独立，为人处世要坚守底线。"

丽丽惊讶地睁大眼睛说："就这样吗？也不是很难啊，这些优点很常见啊！"

表姐继续说："确实，这些做起来并不难，但是当作为生活准则的时候，要一视同仁地去执行，无论遇到什么人什么事都不要为之改变。"

丽丽皱起了眉头："这样就好难，碰到不讲理的人，就很难想对好人那样子做了……"

表姐嘴角上扬，说："凡事看开点儿，就没有那么难了。而且，经济独立是一个女人最美的样子，所以自己的工作一定要能养活自己。"

表姐这一番话一下子点拨了丽丽，她终于知道了优秀的女人是怎样炼成的了。丽丽有信心，只要按照表姐说的严格要求自己，成为表姐那样优秀的女人便指日可待了。

故事中，丽丽身边有表姐这样一个楷模，她可以向表姐取经，经过表姐深入浅出的指点，找到奋斗的方向，从而向着目标一点点努力，一点点收获不一样的自己。世上无难事，只怕有心人，向着心中的方向努力，就一定可以成功。同样，想要成为拥有独特个人魅力的人，就要有正确的方向，并为之努力：

1. 穿衣打扮有品位

不同的场合需要搭配不同的服装、首饰，在得体的前提下彰显自己的风格。衣服不需要很昂贵，但是一定要搭配合理，不要让不合时宜的单品出现破坏整体搭配的一致性。绝对不能通过哗众取宠的方式来吸引别人的注意。

2. 言谈举止要得体

与人交谈，不要一味讲，要学会聆听，这样交流才有意义，即便是对他人的话题提不起兴趣，也要等他告一段落时再巧妙地转移话题，不可粗鲁地打断。在谈话过程中，双眼要平视讲话人的眼睛，全神贯注，不要表现自己的不耐烦，而且不要直勾勾盯着讲话人，目光要和善。公共场合，不要随意发难，要给别人留足面子。

3. 思想独立有原则

思想决定一个人的高度。在面对生活中不同的人和事时，要有自己的思考方式，解决问题时，能够提出独特的见解和解决方案。

4. 为人正派且宽容

做人要有原则，不随波逐流，但也不要死死扣紧原则，在一些事情上要懂得宽容。宽容不是妥协，是在处事时要把握好尺度，不要让人有距离感。同时，做人要光明磊落，不做两面三刀的人，做到表里如一。

善是人性根本

不难发现，在人与人的交往中，认可度最高的往往是心地善良的人，即便此人学识不是最高的，能力不是最强的，财富不是最多的，但善良使他人性的底色熠熠生辉。

公司新招了一个业务员，小伙子很精干，面试完以后，总经理就大加赞赏地评价他说："李密这个小伙子，很好，他的试用期就不要三个月了，破例一次吧，一个月试用期考核。"李密成了公司的最短试用期先例。一时间，李密引起了全公司的轰动，大家迫不及待想要看看这个被总经理连连夸赞的年轻人。

李密一出现在公司，大家就对这个彬彬有礼、精神帅气的年轻人产生了强烈的好感。李密口才很好，言辞间不乏幽默诙谐，和他交谈，大家都感觉轻松又愉快。但是好感归好感，业绩才是决定成败的最终衡量标准，也是决定一个人能不能在行业里站住脚的唯一靠山。李密在业绩上也有自己的方法，公司看的是订单，客户看的是产品，所以针对不同的对象，李密有不同的对策，最终达到客户买产品，公司有订单，自己完成任务的目标就是成功的。

李密用自己的方法，大刀阔斧好好干了一场，本身公司的产品品质就高，而且李密舌灿莲花，几十单合同很快就签了下来，货款无一拖欠，全部收回。

骄人的业绩让李密在公司逐渐站稳脚跟。尽管，经理多次收到客户的投诉说李密吃回扣，但是考虑到李密的业绩在公司抵得住三个人的工作量，况且投诉量暂且还不算多，所以经理暂时并没有对李密采取措施，只当这是个犯了一点儿错误的年轻人罢了。

李密看自己的能力被公司逐渐认可，胃口越来越大，谈订单也越来越不规矩，吃回扣已经成了小事，有不少业务员的订单被他偷偷撬走了。最严重的一件事，也是公司的大教训，他在货款合同上动了手脚，几百万货款就这样装进了他的口袋里，公司蒙受了巨大的经济损失事小，可信誉的丧失是最难挽回的。

这件事让公司经理看起来一下子老了十岁，他给人事下达了严格命令：招收员工，人品最关键。能力再强，没有人品做保证，也不能录用。

故事给我们讲了李密是怎么一步步用自己“优势”害人害己的。他相貌英俊，口才好，能力也很强，本来应该是前途无量的，但是，他却利用了别人对他的认可，为达目的不择手段，最终走上了错误的道路，直到走向犯罪的深渊。这个故事告诉我们，衡量一个人的价值高低的并不是外在条件，而是内在人性善良的本色。我们在日常生活中，想要做一个坚守善良本色的人，应该怎么做呢？

1. 知足常乐懂感恩

在生活中要经常为自己所拥有的感到快乐，感恩眼前所有的一切，要因为身边的人给自己帮助而心怀感激。同样，赠人玫瑰手有余香，要在别人有困难时，善良地伸出双手去帮助，不能一味地索取不懂得付出，在帮助别人时收获给予的快乐。只有这样，才能被生活的美好所包围。

2. 锐意进取不嫉妒

生活中存在比较是为了让我们更好地提升自我，树立更高的奋斗目标，从而倾尽全力为之奋斗。所以，对比自己能力强、家境好、相貌美丽的人要报以欣赏的目光，不能嫉妒，更不能诋毁别人，要给予别人发自内心的掌声，赞美别人的同时再好好反省自己的不足，争取迎头赶上。要相信总有一天，也会有属于自己的鲜花和掌声。

3. 得饶人处且饶人

生活中难免会犯错，这是作为常人不能避免的。在面对有错误的人时，我们要宽容、善良地对待他人，不要揪着人家的错误大做文章，在别人本就流着血的伤口上撒盐，不做刁难别人的事。同样，我们也免不了会犯错误，我们对待他人宽容，那么在我们犯错误的时候，就不会被无端发难。

4. 恻隐之情在心中

社会之大，我们不难看到一些深处困境的人，天灾人祸也许会毁掉一个人，我们的善意可以挽救他人于水火之中。但是，在帮助他人的时候要有原则，千万不可自不量力，那样无异于把自己推向困难之地。

名誉如同生命

“荣誉比生命还要宝贵。”这句话出自法国思想家、文学家罗曼·罗兰口中。现代社会中，名誉对于一个人的重要性不言而喻，一个好名声、好口碑是一笔巨大的无形资产，而且是多少钱也买不来的。

正良现在经营着自己的广告公司，我见证他的公司从无到有，目前规模在当地已经是前五名的知名广告公司，而且这家中等规模的广告公司在外地也有很高的知名度，这让我有些不解。正巧有一天，我出门办事路过他们公司遇见了他，好久不见的我们便找地方一起吃中午饭，更重要的是叙叙旧。

在用餐时，我讲出了心中的疑问，正良看着我，放下手中的筷子，笑着说：“看你这么好奇，那我当然要告诉你啦，其实没有什么秘密，你还琢磨了这么久。我创业之初，有位前辈跟我说：‘好名声对于一个人来说，比任何财产都重要。’这么多年，我一直记着，就这样要求自己，公司一点点壮大，我也从未忘记。”

正良说得很有道理，名声决定我们能在社会中扎根多深、发展多远。想想那些成功的商人，多半是有好名声在外，企业才能不断地发展壮大。这样看来，有时候名声确实重过生命。

故事中提到的正良，从一无所有到经营起颇具规模的大公司，他成功的秘密让很多人感兴趣，可他却用一句话言简意赅地总结：好名声对于一个人来说，比任何财产都重要。我们都知道好名声的重要性，那么要怎样获得好名声呢？

1. 一言九鼎不违约

一旦答应了别人的事，就一定要尽职尽责地做好。按照和别人商定好的去做，不能马虎了事，更不能违约，陷别人于不义之地，这样不仅耽误了别人的事，自己的名誉也会毁于一旦。说话算数，要给别人可信的责任感。

2. 见面准时不迟到

生活中，大多数人都讨厌等待，特别是计划外的等待。对于那种嘴上说着十分钟就到，可是让你等了半个小时的人，旁人也许碍于情面不会直接埋怨，但是心里一定会给他打上了不守时、靠不住之类的标签。

3. 力所不及不承诺

在生活中，拒绝是一项最难学会的技能。有时候，面对他人的请求，明知已经远远超出了自己的能力，或碍于面子不会拒绝，仍然答应下来。这样一来就把双方都置于尴尬之地，自己办不到，耽误了别人的事，被别人说能力不足，落得个委屈、尴尬，出力不讨好。所以，替人办事儿量力而行，对于自己做不到的事，一定不要轻易承诺。这不仅是对自己负责，也是对别人负责。

态度体现修养

一个真正有修养的人，对待人的态度，通常都是谦和有礼貌的。相反，那些缺乏修养的人，通常看人下菜碟，遇到位高权重的人就低声下气，对身份卑微的人又会趾高气扬。

求职季时，公司来了两位新人分别是范阳和胡越，两个人的性格完全不同。范阳像个“长不大的孩子”一样，每天都大大咧咧，也不太在意自己的形象，但同事们都很喜欢和他一起开玩笑，有他的地方就有欢乐。胡越则是个性格沉稳内向的小伙子，十分注意自己的穿着打扮，只要在公司就会穿着得体的西装，不苟言笑，同事们都打趣地说胡越一看就是当领导的料子。

两人在同一个宿舍住着，平日里感情很好。范阳的朋友很多，每次一起出去吃饭，他都会叫上胡越，胡越抵不住范阳的热情邀约，就跟着一同去。在饭桌上，范阳和朋友们一起唱歌喝酒，有朋友就端着酒杯请胡越一起喝，胡越以自己酒精过敏为由拒绝了，大家也没有再勉强他。

聚餐完毕回到宿舍，胡越一脸不开心地坐着，一言不发。范阳便关切地问他怎么了，胡越像是打开了话匣子一样不停地抱怨：“你那些朋友都怎么回事？一直在劝我喝酒，都是什么人啊？还有你，也不帮着我说话。”范阳一听就笑着说：“原来你在气这个啊，你别跟我们这些粗人一般见识，这些朋友们说话直来直去，他们也是想着咱俩是朋友，可能太热情把你吓坏了。我以后跟他们说说。”胡越还是撇着嘴说：“他们明明就是在故意为难我。”范阳赶紧解释说：“不会的，不会的，我了解他们，虽然不是像你这样有修养，但都是好人，绝不会欺负人的。”可是没想到胡越鼻孔里发出了：“是吗？”

但范阳还是笑呵呵地拍着自己胸脯说：“那是肯定的啊，我们都有一个赤诚的红心呢！”

这句话总算把胡越逗乐了，这件事也就翻篇了。事情过后，范阳心里却产生了疑问，如果这就是大家所说的修养，那修养究竟是什么呢？这样的修养为什么让人感觉不舒服呢？

故事中展示了两个截然不同的人，范阳不修边幅，胡越衣着得体，范阳玩笑话不断，胡越出言谨慎。这么看来，胡越像是那个有修养的人，而且同事们也给予了一致的评价，但是事实真是如此吗？其实，真正的修养是发自内心的，不是通过外表来表现的。态度就是我们观察一个人是否有修养的最佳窗口。那么怎么在态度上体现个人的修养呢？

1. 宽容大度不计较

常言道：“忍一时风平浪静，退一步海阔天空。”在面对生活中的磕磕碰碰时，不要咄咄逼人，非要论个长短。遇着事情稍微吃点儿亏，让对方一些，事端就会平息的话，对自己何尝不是益处，不动气不伤身，还能把时间余下来去做有用的事情，何乐而不为呢？

2. 语气语调要注意

语言是沟通的桥梁，同一句话用不同的语气、语调讲出来，给人的感觉是完全不同的效果。所以，与人交往，要注意对象和场合的不同，调整说话的语气、语调，不要意气用事，使用命令的口吻，语气不要太过生硬，让人感觉着有亲和力，这样会更有利于彼此的交谈。同时，语调变化不要急躁，那样会让谈话对象觉得很不舒服，交谈的效果也会大打折扣。

3. 语前三思细斟酌

《论语》有云：“三思而后行。”这句话同样适用于谈话。说话之前要尽量把语言调整得合理恰当，既要让他人能够清楚地明白自己所要表达的意思，又不要带给他人带来负面的情绪。批评和责备的话要尽量委婉，让别人明白自己错误所在，自尊又得以保全，这样才能朋友越来越多。

4. 交往态度要端正

在与人交往的过程中态度要端正，且不能一直嘻嘻哈哈没正形，也不能总拉着脸给人冷若冰霜拒人千里之感。对于不同的情况，要有不同的态度，交朋友与客户交往要报以亲切友好的态度。但是被人有意冒犯时，态度要严肃认真一定要让他意识到事情的严重性。根据不同的场合和情况，表现出适宜的态度，是树立自己良好形象的关键之处。

要面子，有个性

俗话讲：“人活一口气。”自古以来，面子对于人就是很重要的。人都是具有争强好胜的心理的，如果无缘无故地丢了面子就会被人蔑视。晏子使楚，楚王让身材矮小的晏子从“狗门”进入，意欲羞辱，面对楚国的羞辱晏子有力地说出了一句：“出使狗国，方能由狗门入。”这句话既保全了自己的颜面也彰显了同为大国齐国的尊严，还给了楚王一个教训。我们在生活中不能一味地追求颜面，苟且忍让，这样会给自己带来很多不必要的麻烦。

在生活中，不难听到这样的话：“早知道这么麻烦，当初就不应该答应他，结果现在搞得自己这么累，还听不到一句感谢的话，真不知道自己图什么？”不能拒绝，多半是因为“爱面子”，顾及自己的颜面会因此受损，于是慢慢变成一个“老好人”。

一位年轻的男子在订婚礼后，陷入了深深的沉思，他发现自己对未婚妻的感情并不能算作是爱，但是他觉得如果现在解除婚约，自己就会被认为是一个背信弃义的人，落一个负心汉的骂名。最后，这名男子还是伪心地迎娶了自己的未婚妻。不难预料，两人婚后的生活很难幸福，丈夫挥霍无度、奢侈成性，而这些是他婚前就存在的问题；妻子性情暴躁，不易容人。两人婚后吵闹不断彼此视若冰火。即便如此，这个担心外界说三道四的男子在婚后仍然选择了隐忍，这段不和谐的彼此痛苦的婚姻一直伴随着他们的一生。这位男子就是鼎鼎有名的美国第16任总统亚伯拉罕·林肯，他是解放了黑奴的勇士，但是却陷于不幸婚姻的泥沼，而没有勇气拯救自己。

对于林肯坚持不幸婚姻的原因，我们不难猜测，是因为太多顾及面子，也是因为害怕外界的负面评论。即便是深受不幸婚姻的折磨，还是被莫须有的恐惧控制着而选择了隐忍。伟人尚不能完全免除面子带来的困扰，何况我们生活之中平凡的人。但是，如果清楚地知道答应这件事会给自己的生活带来严重的负面影响，那么，我们最应该做的，就是鼓起勇气拒绝。

婴儿时期，人们就会用自己的方式来表达拒绝，天真的孩子会根据自己的意识选择喜欢的东西，排斥厌恶的东西，这是一个独立的个体最基本的技能。可是，随着年龄的增长，人们好像忘记了展现个性是怎么一回事，从而不断地选择隐忍，因此丧失了拒绝的本能。

面子争与不争？何时争？在聪明人的眼中，是要根据“面子价值”来决定的，要通过理性的分析，才能做出明智的选择。

一个被称作“老好人”的顾客向心理医生咨询，心理医生抛出了一系列问题来测试顾客对于面子的重视程度和个性化强度。

你有多在意别人的看法？你的精心打扮有多少是为了他人？你会给自己不喜欢的人寄贺卡吗？当你在一家商店随便看看时，会因为不买东西而感到不好意思吗？你对他人对你的期望很看重吗？会经常担心自己会让他人失望吗？你经常会在不同人的意见间徘徊为难，然后不知不觉就迷失了自我吗？你是否也常默默地对自己说：应该忠于自己的意愿，不要老是为别人所活呢?

关于上述问题，你的答案是什么呢?无论答案是什么，关于面子问题，能够做到以下这样，生活中就会少些麻烦。无论什么时候，都要按照自己的意愿生活，不要因为面子而委屈自己去迎合他人。过让自己舒心的生活，无须太顾及别人的看法，经常在别人的目光中生活，就会迷失自我。要在理智的考虑中寻找到真实的自我，活出具有自己个性的生活。

强化内在素质

常言道："活到老学到老。"提升自身素质是我们一生都要为之努力的事业。工作之余，学习一门外语，学习一门乐器，或是看看时尚杂志提升自己的时尚品位，再或是经常读书陶冶情操，这些事情日积月累地坚持下来，长久以往就会看到健康的兴趣爱好给自己的生活带来的益处。生活格调不断提升，自我素质不断提高，多花费些时间来充实自己，久而久之，就会影响我们的气质，有了出众的气质，会在人群中更容易脱颖而出。

范明宇的家里有一个大书架，上面摆满了名著。但是自从参加工作以来，他已经很久没有走近书架看一本书，更不要提去图书馆看看书了，书架上的灰尘落了厚厚一层。受到工作性质的影响，范明宇的说话方式也和从前大不一样，看到什么说什么，好像没有经过大脑的思考一样。他的女朋友打趣自己的男友说："从前一个文质彬彬的绅士，现在怎么就像一个乡下人。”

范明宇本人也很苦恼，但是因为自己的工作需要和建筑工人频繁地打交道，说话直来直去更有益于双方的沟通，大家也不会笑话他整天说着大白话，委婉的话倒是很难被理解了。这样，时间长了，自己也不由得被工作的环境改变了。

范明宇也会在安静的午后感慨自己从一个富有文采、出口成章，他人口中有涵养的青年变成现在这个每天应付着形形色色的人。自己的女朋友当时就是因为自己的温文尔雅才走到了一起，现在为了女友，也要努力一把，提升自己的内在素质，好好利用业余时间读点儿书，找回往日风采。

说干就干，范明宇给自己报了周末的英语补习班，也在积极准备专业资格证考试。不仅如此，范明宇还重拾写作的爱好，业余时间就用笔记录自己的生活。

功夫不负有心人，半年的时间过去了，范明宇的监理资格证考了下来，英语水平也有了大幅度提高，自己的文学作品还发表在了省报副刊上。因为过硬的工作素质和优异的学习能力，总公司把范明宇列为重点培养对象。

故事中提到的范明宇，工作之后就疏于学习，又因为工作环境的影响，潜移默化中内在素质下降。善良的女友没有嫌弃他，而是提醒他需要做出调整。在爱人的激励之下，范明宇制订了计划，并且严格执行，把业余时间都用来学习和发展健康的兴趣爱好。最终，不仅提高了自己的素质，还利用工作之余加紧学习提升了自己的业务能力。由此可见，内在素养的提升对于我们的事业和生活都十分重要，还会对我们的涵养产生影响，那么，如何提高自己的内在素质呢？

1. 专业学习不间断

在职场中，业务水平是衡量一个人能力的最重要标准，尤其对于专业性比较强的工作，业务能力显得尤为重要。只有不间断地学习专业知识，才能在时代快速发展的今天，在知识更迭的浪潮中激流勇进，不被社会淘汰，成为特定领域的专业人士，才能有所作为。

2. 职场礼仪要加强

现代社会中，不但需要丰富的专业知识，而且也需要注重职场礼仪的修养。优雅得体的职场礼仪不但能够赢得上级同事以及客户的尊重，而且还便于更好地与人进行良性沟通，创造一个和谐的工作环境。良好的职场礼仪能够帮助我们赢得一个好人缘，好的人际关系会在工作中对我们起到很大的帮助，有时会起到事半功倍的效果。一个团队，只有大家和睦相处团队才会更有凝聚力，成员们的归属感才能够更强。

3. 做事积极且乐观

面对挑战的时候，如果确定自己能够做到，而且挑战会带来新的收获和体验，就要积极地制订计划，然后义无反顾地迎接这种挑战中，且不要瞻前顾后，错失良机。在生活中难免会遇到一些挫折和不顺心的事，在逆境中能够保持乐观的态度才更可贵。遇到难处，要在心里不断地暗示自己，难关一定会过去的，要用微笑面对一切困难，用乐观的态度解决问题。生活会越来越美好的。

4. 懂得感恩知宽容

“滴水之恩当涌泉相报。”在生活中，要牢牢记住别人对自己的帮助，要发自内心地感谢曾经伸出援手帮助过我们的人，并且在别人有困难时，要及时地回报别人。对于在生活中给我们伤害过的人，我们也要对他宽容。宽容他人同时也是在宽慰自己。懂得宽容和感恩的人，最终会赢得别人的尊敬。优秀的内在素质不是表面的伪装，而是由内致外散发出的人性的善良和美好。

第二章 能屈能伸，敢做敢当

“君子之心，可大可小；丈夫之志，能屈能伸。”能屈能伸是做人的气度，敢做敢当是做人的魄力，气度决定成就，魄力影响高低。谁也不是常胜将军，所以要有接受失败的勇气，要学会低头承认自己的不足，不要硬挺着面子认输，这样不仅输得脸上无光，也很难让自己看清事实的本质。做事情的时候，要勇于承担责任，不要怕得罪人，不要为了避免惩罚就推卸责任，做人要有一份担当在肩头。这样的人才能挑得起大事，撑得起大场面。

学会能屈能伸

在任何时候都能够保持一身傲骨的人，人们固然会敬佩他的刚正不阿、宁折不弯，但是如果会对自己的事业或者名誉造成损害，要在恰当的时候选择退步，也不失为一种明智的选择。输赢只是暂时的，事业尚没有走到尽头之前，一切都有扭转的可能，笑到最后的人才是真正的赢家。不要拘泥于一时的失败，要总结自己的不足加以改进，在跌倒的地方迅速地站起来，每一次重新站起来，都收获了更加强大的自己，也重新燃起了奋进的希望。

高向年在一个脾气暴躁的主管手下做事，而且主管非常严苛，对待下属批评起来毫不留情，经常会为了一个标点符号这样的小事拍桌子大喊。高向年和同事们对这位长着“火眼金睛”的主管是又恨又怕又敬，也不知道有这么一个“暴君”的上司是福是祸。虽然严格对待工作的态度是好事儿，但是每天在他的折磨之下，好多人都陆续离开了公司。高向年也想就这样一走了之，在离开之前还是幻想着指着主管的鼻子把这段日子所有的怨气都说出来，把自己受的气都还回去。

可是，冷静下来的高向年觉得自己不能就这样离开，这和受了气夹着尾巴窝窝囊囊逃走的老鼠岂不是没有了区别，而且还会让主管觉得自己就是一个没出息的家伙。即便是要离开，也要做出一番业绩然后再堂堂正正离开，让主管好好看看自己是个什么样的人。到那时候，自己可以很有骨气，趾高气扬地走出这个门。

试用期结束后，同事都离开了，只有高向年一个人还坚守在岗位上。他不言放弃，哪怕主管的折磨全部施加给了自己，他也没想过放弃，久而久之，反而习惯了主管的坏脾气。

有时候高向年回想自己进到部门的这段时间，是主管的严格让他很快地成长，自己做事时也会像主管那样认真，对工作中的细枝末节都很在意，自己犯错的频率也逐渐降低，主管对他的批评也越来越少，而且自己现在对于工作越来越熟悉，其实这些都是因为主管，说起来还要感谢主管。

高向年觉得自己现在有了一定的工作能力，正在犹豫去留之际，总经理在员工会议上任命高向年为新任主管，而原主管因培养新人有功被提升为部门经理。一时间，高向年越发庆幸自己当时留下来，庆幸自己没有一气之下离开，而且十分感谢公司和主管的良苦用心。

故事中提到的高向年在一个脾气暴躁的上司手下工作，经常会受到主管的严厉批评，在同事们因为受不了主管离职时，高向年选择留了下来，只是为了不被主管看轻。后续的发展证明了他选择的正确性，自己在严格主管的培养下，不仅强化了自己的业务能力，还因此升职。生活中，一帆风顺的事情少之又少，我们不免会遇到一些风浪，但是不能每次都选择逃避，要勇于面对生活中的狂风暴雨，能屈能伸。无论什么时候都不要忘记自身素质，自身的强大是最有力的武器。

1. 能屈能伸肯自知

客观地评价自己，有助于更好地认识自己。认识到自己的优点和缺点，认识到自己的长处和短处，只有这样，在和别人相处的时候，才能正确地知道自己和别人的差距在哪里，需要通过多久的努力才能赶上，这样才能不被别人落下，差距才会一点点缩小。

2. 能屈能伸明知人

知己知彼，方能百战不殆。不仅要对自己有全面的认知，对于对手也要有足够的了解。这样一来，才能做到有的放矢，针对对手的弱点进行突破，更好地保护自己。如果对对手一无所知，就不知道自己应该如何防御，失败了都不明原因。再强大的敌人都有缺点，所以我们只要找到他们的软肋，加以合适攻击，成功的概率就会大大提高。

3. 能屈能伸谈输赢

能屈能伸的人是不会为一时的成败耿耿于怀，他们胸怀大志，不会因为眼前的一点儿小小的失败就一蹶不振。他们更看重的是能够证明自己的那一天，在此之前，提高自己的能力才是最应该做的事。把握成功的机会，找准合适的方式，最终在合适的时候翻盘。

4. 能屈能伸有作为

知进退，能收缩，对自己的行动做出正确的判断，理智地考虑每一个行动点，才是智者所为。就像自然界的水，在大海里就是汹涌澎湃的惊涛骇浪，在山涧就是静谧恬静的涓涓细流，我们也应该像这样，顺应时势，顺势而为，才能够让自己更好地展示自己，增长才干，才能有所成就。

太较真儿不可取

较真要视情况而定，有时，较真可以让事情有所发展，脉络更加清晰；有时，往往太较真会适得其反，让本来有回旋余地的事情走进了死胡同。如果因为事情因过于较真导致了失败，必然会被扣上老古板、死脑筋的帽子，也许还会让人认为事情是故意针对自己，人际关系也会因此变得紧张。所以，适当地较真是好的，但是不要一根筋，适当地转弯儿会让事情发展得更好。

林林离职后手头有些紧，离职前公司承诺月底把他的工资结算清，可是这个月自己的工资总也不到账，他就打电话问公司会计："这个月的工资怎么还没发？一直拖我的工资，公司会因为我这点儿工资就发展壮大了吗？这都是什么事儿啊？"

电话里的会计听见他抱怨，也只好无奈地对他说："总经理说你的工资这个月暂时发不下来，我也不能擅自把钱打给你不是？"

林林在公司时和会计关系一向不错，他知道会计不会打马虎眼骗自己。总经理扣押着林林的工资是因为：林林离职前的手续没有让总经理签字，但也不是林林有意不让总经理签字，只是他离职那天，总经理出差不在公司，林林待的时间不长，请主管、财务主管和会计在离职表上签了字就离开了公司。可没想到，总经理回来却在此事上大做文章，在员工大会上点名批评林林不遵守自己制定的规定，离职表没有自己的签字就敢擅自离开，所以扣押林林工资是不容商量的，这是规定。

林林了解了事情的原委后，十分不理解总经理这样“坚持原则”的做法，这不是逼着自己把这一个月的工资让出去吗？可是这是自己的劳动所得，自己完全是合法取得，想清楚之后，林林向劳动部门发起了投诉，第二天林林就接到了会计的电话说工资已经发过去了，让林林注意查收，还说总经理说了事情不能一概而论，林林的工资不应该拖欠这么久的。

故事中的总经理就是一个太过于较真的人，员工离职时没有让他签字，原因是自己出差，而且对于该员工的离职知情，就这样扣发工资实在不可取。不仅给员工留下刻薄的印象，事情还闹到了劳动部门，自己的名誉也受到影响，幸亏他自己及时认识到了自己的错误，才没有让更坏的结果发生。这样看来，太较真确实不可取，容易让别人产生误会，所以不妨偶尔换个脑筋。这样做是因为：

1. 太较真易得罪人

中庸之道、外圆内方，这些做人之道无非就是在告诉我们做人做事把握好一个度有多么重要。用水打个比方，0℃以上的水是液态的，0℃以下的水就变成了固态的冰，这里的度就是0℃。那么放到具体的事情上，度就显得尤为重要，可能就是好与坏的差别，认真是好的，但是太较真就容易过界。

2. 太较真不通人情

我们应该都有这样的体验，被太过较真的人气得说不出话，非要在一些无关大局的事情上停滞不前。我们不能否认的是，较真的人大多数认真敬业，太过死板和教条，就让人觉得不近人情，不通情达理。久而久之，大家就会躲着他，尽量不与他接触了。

3. 与人与己行方便

在不违背原则的基础上，能够给予别人通融，其实也是在方便自己。有些时候，难免会有一些人因为匆忙办事准备得不那么妥当，这时候如果不影响原则，不妨通融一下，告诫他以后要好好准备，把事情办了也省了别人来回跑，省了别人的时间，别人会十分感激，免得别人以为是被变相发难。

懂取舍明抉择

生活中的事物都具有两面性，利弊相依而生。然而事情的好与坏，取决于我们如何去看待，取决于我们如何取舍，当我们看清事情的多面性后，选择对自己而言利大于弊的方向去努力。一旦作出了决定，就要勇敢地和错过的机遇告别，不要臆想如果当初选择了另一条路会有怎么样的现在。选择就是有取有舍，决定了就不要后悔。

江楠面临毕业的时候，身边的同学们都选择考公务员，这么一份收入相对稳定又体面的工作成了大家的香饽饽。

江楠的父母一开始也建议他去考公务员，还买了一堆参考书帮助他复习，可是江楠不想就这样一下子就踏入一汪死水里，像父母一样当了一辈子公务员还是住在单位分的房子里。

但是江楠又不想因为此事与父母作对，便借口搬出去复习，实际上他利用自己打工攒的钱，在闹市区租了一间很小的铺面，做起了擦鞋的生意。这个成本低、挣钱快的小生意一个月就给江楠带来了 1 万块的收益。江楠想着，如果以现在的收入来计算，几年后就可以给父母买一套大房子了。

江楠想着公考结束后，就把父母带来自己的小店里参观，让他们放心，自己当个擦鞋匠也是可以养活自己，并且好好孝敬他们的。可是，没有不透风的墙，江楠开店的事很快就传到了父母的耳朵里，两位老人开始还不相信，但是看到儿子在门店擦着汗给人擦鞋时，一下子就暴怒了，拍着桌子对江楠说：“你真是丢人啊！堂堂大学生啊，在这里给人擦鞋，我们老两口儿的脸啊算是给你丢尽了。”江楠知道父母是一片好心，但是听到“丢人”两个字，心里也很不服气，低着头大喊了一句：“我的事，不用你们管！”

江楠的父母唉声叹气地离开了，江楠下定决心，一定会做出成绩让所有人都看到，只要是凭劳动得来的，就不丢人。

几年的时间，江楠踏踏实实地做生意，店面也不断增加，擦鞋店遍及整个城市，周边的省市也慢慢有了几家加盟店。他的父母早已经住在了儿子买来的大房子里，也不说儿子丢人了，他的公务员同学们也纷纷称赞江楠当时走对了路。

故事中的江楠，在面临人生的大选择时，没有选择“主流”的公务员考试，而是瞄准市场，选择了合适的创业项目，不在意创业之初别人对自己的负面评价，坚持自己的选择，坚定不移地走自己选择的路。后来的江楠，无论在谁看来都是成功的。这就告诉我们，生活和我们的选择有直接关系，而或取或舍是我们做出选择的直接依据，懂得取舍的人才更容易作出正确的选择。这是因为：

1. 懂取舍规划清晰

懂取舍的人通常都有清晰明了的人生规划，对自己要做什么工作，要做到怎样的程度，要在什么样的环境中生活，都有较为清晰的定位。这样一来，他们的奋斗都是为了自己的目标，一点点积攒自己的能量等待时机成熟，即便是在生活中需要暂时的妥协，但在条件允许的情况下，还会坚持初心。其实，有时候选择并不难，过多地考虑反而会让我们摇摆不定，选择从简，生活也会变得轻松快乐。

2. 懂取舍目标明确

懂取舍的人，对于自己想要的十分明确。人生有不同的模式，或是平淡温馨的家庭，有相爱的伴侣，有可爱的孩子，一家人快快乐乐度过一生；或是叱咤风云于职场，每天忙碌于工作，身心俱疲但是享受着这份充实；或是简简单单，为自己的兴趣爱好成就一份小小的事业，恬淡间体验生活的美好。无论哪种模式，都可以乐在其中，但我们要明确自己内心深处真正想要的，才能做出正确的选择，无悔一生。

3. 懂取舍了解自己

懂取舍的人通常很了解自己，知道自己的性格，知道自己的兴趣，知道自己什么时候顶不住压力，什么时候还能再努力一下。就会在生活中，选择适合自己的工作，不仅得心应手也自得其乐，更容易有成就感。不必这山望着那山高，他人的生活可能看起来比我们好，但是人人都是不一样的，适合自己的就是最好的。

4. 懂取舍比较负责

其实，“随大流”是对自己不负责的一种表现，也是一种不成熟的表现，不做过多的思考，不管这个工作适不适合自己，就按照他人的方向去安排自己的人生，这是对自己的极大的不负责。而懂得取舍的人，会根据自己的能力、个性、客观条件来选择真正适合自己的，自我能力能够得到提升的工作，这样才是对自己负责的行为。

尝试一笑而过

我们有时会遇到一些人一些事，总是会让我们觉得无奈，有些是自己出于好心的帮助，结果却被误解，甚至被责怪，事情被重新编排之后，别人就成了无辜的受害者，而我们则是辣手摧花的作恶者。这个时候，选择一笑而过，看似模糊的处理其实表明了我们的态度——对于这些无理取闹的人，根本不值得我们费心。

袁枚前不久当上了办公室主任，因为她比较年轻，厂里传遍了风言风语，大家都在议论这个年纪轻轻、工作经验不足的办公室主任来路不正。

袁枚知道自己根本无须辩解，谣言之所以为谣言就是因为没有根据，而且她坚信，身正不怕影子斜，对于这些流言蜚语，选择一笑置之就好，之后自己用实力来证明自己的时候，谣言自会不攻而破。

机会总是留给有准备的人。市电视台记者到厂里来采访，袁枚作为办公室主任，义不容辞担任了本次接待任务。

袁枚的接待工作做得十分优秀，周到的安排让电视台记者连连称赞，厂长听到电视台记者对袁主任的大力称赞，便顺水推舟让袁枚代表自己及厂里接受本次采访。袁枚在采访中表现得很好，态度不卑不亢，举止大方得体，语言精准流利，严丝合缝地回答了记者的提问，言语间自然地突出了厂里的实力，但又不会让人觉得吹嘘。

新闻播出后，厂里再也没有了流言蜚语，那些从前背后嚼舌根的人自觉地闭上了嘴。而袁枚也不会借着自己的风光去报复那些造谣的人，还是像往常一样，与同事们和睦相处。

故事中的袁枚，因为年纪轻就任职办公室主任，有些老员工不服气，可背后的闲言碎语丝毫没有给袁枚造成困扰。在电视台采访的时候，她用实力证明了自己的能力，也让厂里的人对这个年轻的办公室主任心服口服，那些中伤她的人，也羞愧地闭上了嘴。在生活中，这样的事并不少见，而解释容易被那些心术不正的人看成是狡辩，反而会越描越黑，最好的方法就是一笑而过，而后用实力来证明自己。遇到以下的情况，最好的方法就是一笑而过。

1. 流言蜚语不解释

树欲静而风不止，生活中常有这种无奈的情况，我们明明什么都没做，却被推到了流言蜚语的“台风眼”。这个时候，任何解释的话都会被看成是辩解，那些心怀恶意的人还会因此大做文章，加害于自己。沉默是最好的回应，一笑而过，事实的真相会在时间的检验中显露出来，谣言没有事实的支撑，早晚会散落一地。清者自清，当散布谣言的人无从下手时，就不好意思再胡说八道了。

2. 善意被误不记心

生活中，心存善意乐于助人是好事，但是不免会出现我们不了解实际情况，好心出主意结果帮不上忙的情况；也会出现我们一片好心被误解，最后还要被责怪的情况。对于这些情况，我们不要耿耿于怀，总是想着我把他当朋友给他出主意，结果他非但不信任我，还说我在害他，最好的方式是一笑而过，自嘲一下，多说无益。

3. 恶意刁难不在意

当我们到一个新的环境时，经常会被“前辈们”刁难，有可能别人是想给我们一个下马威，或是试探下我们的能力。这个时候千万不能过分在意，但也不能逆来顺受，别人会觉得我们好欺负，最好的办法是一笑而过。用巧妙的方法反击，要让对方受到教训但是不造成伤害，这样既警诫了他人，也为自己铺平了一条路。

4. 沟通无效不恼火

随着年龄的增长，三观越来越成熟，难免会碰到一些人和我们的想法完全不同，可能就是站在两个对立面上。这个时候，我们要做的是一笑而过。互相尊重，不企图把别人变成和自己一样的人，有些人注定不能深入交往，那么对于这些没有共同语言的人，见面友好地打打招呼，没有必要深入沟通，也就更没有必要为沟通不了的事费心思。

勇于放下身价

有一些人自恃身份高贵，在人际交往中，不屑与别人交流。人人生来平等，没有卑贱的生命和高贵的生命之分。放不下身价的人不外乎自己很虚荣或很自卑，身份的光环对于他们来说很重要。通常，这些人沉醉于鲜花掌声带来的体验，没有勇气放下身段，受不了寻常的待遇。

徐伟做了多年服装生意，最辉煌的时候，市里的批发市场都有他的店面，而且生意很好。闲暇时，他喜欢张罗朋友们聚会，一般由他来结账，比起和朋友们喝酒谈笑风生的乐趣，这点儿钱他不放在心上。

可是，这几年生意越来越不好做，徐伟的服装是品质较低的低端服装，主要针对农村市场。当时徐伟选这个方向就是考虑到农村人口多，而且不舍得花钱，他的服装大多样子老旧质量略差，但是价格便宜，所以即便是发不了大财，但薄利多销，利润尚可。

最近，进货商们多次反馈服装质量差、款式老，在农村已经卖不出去了，好多人都拿来退货。徐伟听了后，慌极了，自己的钱就是这些服装，但是现在要让自己退货款，那就是让自己彻底垮掉啊。

但是，进货商们也是生意人，他们担心徐伟会跑路走掉，就非说拿到钱才肯走，寸步不离跟着徐伟。几天下来，徐伟一直被人监视，晚上根本睡不着觉，无奈之下，他把几个铺面转让了，但是钱还是还不上所有人的货款，他不舍得把自己地段最好的铺面转让出去。那间铺面是他的心血所在，他还指望着这间铺面东山再起。于是，他四处向朋友们借钱，可是以前那些他经常请客吃饭的朋友接到电话后，一听徐伟要借钱，都找理由推脱。无奈之下，徐伟把最后一间铺面也转让了，返还了所有的货款，徐伟只剩下了 200 块钱。

半个月不到，一个小老板就成了穷光蛋。但是，生活还是在继续，徐伟还要养活自己和家人，他去推销保险，没几天就又去酒店当服务生了，最后甚至还在街上派发传单。但是从没有哪一份工作超过一个月的，他觉得自己从前是一个小老板，受不了现在被别人使唤。徐伟还是三天两头儿换着不同的工作，但是却没有意识到自己已经不是老板了。

故事中的徐伟，因为自己的决策失误破产了，就这样成了一无所有的穷光蛋。他虽然不停地找工作，但是却不能放下自己旧时老板的身段，真实地认识自己，所以每一份工作都做不好。当我们面对人生低谷的时候，要正确认识自己，放下旧时的高贵身段，才能更好地适应生活，也更有益于走出阴影，再度收获成功。要有放下身段的勇气，有以下一些建议：

1. 不介意被人忽略

当老板、领导、名人一下子从云端跌入谷底，周边的人不会像从前那样嘘寒问暖，毕恭毕敬，自己说的话也不会像以前那样被重视。这些人的做法并非全都是落井下石，但可以被理解，人人都不想一直在谷底看别人，当这些从前在云端的人和自己平起平坐了，便放宽心去平等对待。放下虚衔，接受别人同等的对待甚至是忽略，新的生活才会开启。

2. 不介意被人嘲笑

当公主变成了灰姑娘，王子变成了青蛙，免不了会被嘲笑。有那句老话："虎落平阳被犬欺。"当云端之人跌入谷底时，免不了会被一些之前得罪的人借机嘲笑，甚至是羞辱。这个时候，我们不能睚眦必报，他们的行为虽然恶劣，但是也帮我们认清了现实，淡然处之即可。

3. 不介意身份普通

失败的时候，回过头想一想，并不能怎样。钱没了可以再赚，只是回到了原来的起点，过多的抱怨和懊恼都是无用的。人生本来就是一盘棋，谁能保证一直赢下去，也不会有人一直输。万不可沉迷于往日的风光，而停滞不前，只有认清自己普通人的身份，明白逝去的只是身外之物，能力才是让自己东山再起的最重要工具，才能更好地拥抱明天的太阳。

忍退时调情绪

忍与退，很简单的两个字落实起来却并不简单。尤其是遇到一些真正戳心窝的难受事儿，还要忍着不发火，不能表达过激的言论，面对别人的无理要求也不能发火甚至还要顺从，这是常人难以做到的。所以，忍退之时的情绪调节就尤为重要，能够在忍退中保证自身心理健康，是生活轻松快乐的重要因素。

这些年来，苗新璐一直觉得亏欠着父亲。父亲一身铮铮铁骨，何等要强的一个人，再苦再难都未曾求人，可是在自己和秦默的婚事前，生平第一次向别人低头了。

五年前的事就像昨天一样历历在目，一个春天，他和父亲去秦默家里提亲，秦默的父母一直对这门亲事不满意，所以父亲才亲自上门劝说。本以为，秦默的父母会看在长辈亲自来提亲的诚意的情分上，答应这桩婚事。苗家对这个没有过门的媳妇儿很是喜欢，秦默温文尔雅、知书达理，苗家很期望她能够加入这个大家庭。可是没想到秦默的父母竟然变本加厉，看到苗新璐的父亲来了，把原先 3 万块的彩礼，一下子加到了 10 万元，而且说这只是开始，后面的事得先过了这个门槛儿才能继续谈。

苗新璐的父亲听到这句话先是愣了一下，什么都没说低下了头。这样的行为，秦默都要看不下去了，这样和明码标价卖女儿有什么区别？而且，秦默家都知道苗家经济条件不好，这样的条件就是摆明了不同意这门亲事，还要让苗新璐的父亲下不来台。

苗新璐一边看看自己的父亲，一边看看秦默，心里害怕极了。以父亲的性格，这时候肯定要甩手走人了，但是令所有人都大吃一惊的是，苗新璐的父亲竟然同意了，当场拿出一个 10 万元的存折，给了秦默的父母。这下子，秦默的父母再没有理由阻拦了，其实他们也了解自己这个倔强的女儿，如果不同意这门亲事的话，也真怕自己的女儿做出什么傻事。现在，苗家父亲把10万元钱痛痛快快拿了出来，这门亲事就这样定下了。

可是从提亲之后，苗新璐注意到父亲变得沉默寡言，一直也问不出个所以然。直到最近，父亲说身体有些不太舒服，去医院检查后才得知，父亲的肝病很严重，主要是因为长期心情不畅。从此以后苗新璐就一直觉得自己十分对不住父亲，还好医生说通过药物可以缓解病情。苗新璐的心绪才放松下来。

苗新璐的父亲，前去提亲时，受到了女方父母的刁难，但是为了儿子的幸福，他没有把自己的火气显露出来，而是忍受着屈辱，答应了女方父母提出的苛刻条件。虽然，苗新璐的父亲没有把这件事对别人说起，但自己一直没有放下这件事，还因此患病。所以说，忍与退时，要调节好自己的情绪，要从心里做到忍退，这样才能够化解心结。只有真正放下才是对自己最好的保护。在忍退时，怎么做到更好地调节自己的情绪呢？有以下建议：

1. 时刻提醒自己要冷静

心里的怒火不要第一时间就宣泄出来，要时刻提醒自己冷静，等当事人把话说完，了解事情的来龙去脉后，再理智地做决定。冲动是魔鬼。有些时候，争吵就是因为冲动，因为别人说话的态度不是很好就不再关注内容，直接吵了起来。其实，事情并不见得就是这么糟糕，事情弄明白之前，就自己做出了判断，吵得脸红脖子粗的时候才发现自己的理解与人家的本意背道而驰。

2. 暗示自己莫在意

事情本身并无对错，太过于在意，就会在心里不断被放大，越琢磨这件事就越难过去。要学会隐忍，在隐忍之时，不要把得失、别人的行为和言语放在心上，这样一来，事情本身就不会对我们有影响。如果明明做出了退让还要在心里一遍遍想，那无疑是在折磨自己。

3. 旁观姿态明事理

常言道："当局者迷，旁观者清。"有些事情，我们从旁观者的角度去分析，就会发现事情与我们想象的并不一样。同时，可能还会发现自己在这件事情中做得不对的地方，改正自己的不足。茫茫人海中，不可理喻的人还是占少数。就算是偶尔碰到了，用旁观者的角度去分析，就会发现，事情并没有那么糟糕，自己开脱自己，心情就会舒畅很多。

4. 事情过去不挂记

在一件事情上受了委屈，被人占了便宜，就让事情随风而逝吧！已经为这件事做出了让步，事后如果想着报复别人，给别人点儿颜色看看，就是在给自己徒增压力，自己也将长期陷于这种折磨当中，日常生活都会受到影响，甚至会危害到自己的生理或心理健康，这样得不偿失的做法实在不可取。

第二章 谨言慎语，口有遮拦

常言道：“病从口入，祸从口出。”一句话，能使人喜笑颜开，也能使人暴跳如雷。同样的一句话，不同的表达方式就会带来不同的效果。所以，语出口前脑三思，切莫任性无遮拦。真正的强者，从来不需要舌灿莲花、巧舌如簧，稳、准、狠的言语直击人内心，自然会收到极佳的效果，这样语言才能发挥强大的作用。

不该言必不语

曾子是春秋末年的儒家名师，名望很高，满腹经纶，才学过人，一生恪守中庸之道，传承儒学，主张平和待事，从未与人有过节。平日里曾子为人谨慎，从不轻言乱语，不会轻易表露自己内心的想法。“战战兢兢，如临深渊，如履薄冰”用来形容曾子再合适不过，每次说话之后，他都会自己思考是否有过错，或是怎么能说得更好。直至临死前，他仍在回想这一生有没有说错话，不断地跟弟子确认自己这一生是否没有过错。

我们今天看来，曾子的做法很难被理解，有些不可思议，更像是一个笑话，但我们不能否认的是，曾子平稳安定的一生和他小心处事、谨言慎语密不可分。曾子很清楚哪些话该说，哪些话说不得。说话之前要三思而后行，在脑中反复推敲，怎么把话说出口才不会给别人和自己带来伤害，话语出口后都带有锋芒，尤其是一些实话，不中听，这样的话就很容易重伤他人，也会给自己带来伤害，有些话烂在肚子里比飘散在风中更安全、合适。

有些人生来就是直性子，不会拐弯抹角，一激动就管不住自己的嘴，直言快语。宽容和善的人会认为这些人耿直可爱，可是有些人就会把这些直言快语放在心上，这些直性子就难讨喜欢。说话直爽并不算优缺点，只是说话不够委婉，尤其是指出批评和提出意见的时候，就会像机关枪一样把话说出来，表达不满也不会考虑场合，当面就会提出抗议。

说真话本没有错，但是毫不委婉、直截了当地指出来不免会让别人难以接受，甚至会产生误会。所以说，圆滑行事更有利于人际交往，肺腑之言也许在别人听来就是批评责备，表达不满时，避免当面不讲方式地说。提出意见本身是件好事，但因不讲究方式，过于直白，容易造成对方误解，产生矛盾。即便是有些时候面对看不惯的事情，也要仔细衡量下，自己是否有必要说出来，自己采取的言语方式能不能解决问题，倘若不能解决问题或是会激起很大的矛盾。不然选择沉默不失为明智之选。

魏晋南北朝是中国历史上政治上最为黑暗时期之一，各股政治团体为了增加自己的势力，致力于拉拢名人显贵。百姓的生活苦不堪言，有些名人志士被拉进政治斗争的旋涡，也有一些人，选择逃离是非，隐居山林。

名士嵇康被誉为竹林七贤之一，长相俊美，身材挺拔，才识渊博，当权者十分重视他的才能，曾对其几度拉拢。嵇康为人率直，不喜欢官场你争我抢的氛围，也不在乎名利地位，所以一直没有苟且当权者的政治邀约，自己与朋友纵情山水、饮酒赋诗。

尽管身在朝野之外，嵇康性情耿直，心之所想毫无遮拦，还是会招来祸患。一天，嵇康在打铁，朝臣钟会听说后借拜访之名前来炫耀，架着豪华车辇来到嵇康家门外。大家对于钟会此行的目的十分清楚，就是特意来显摆的，众人碍于他的身份地位，还是敬他三分。然而，直性子嵇康就是看不惯钟会这番做派，不仅不做样子，还装作没看见钟会的样子。钟会来炫耀不成，还被嵇康捉弄了，心里像打翻了五味瓶一样说不出滋味，便驾车悻悻离开。

本来这件事就可以到此为止，可嵇康偏要让事态更尴尬，便问道："何所闻而来？何所见而去？"钟会一下子被嵇康激怒了，便甩甩衣袖生气地说："闻所闻而来，见所见而去。"

这精简的一问一答，堪称中国历史上的著名对话，但仔细分析，便可体味到短短两句话后的杀气。钟会因此记恨嵇康，有事没事就在司马昭前提起嵇康，恶意编排。嵇康就因为这么一句话得罪了这位权臣，最终嵇康死于司马氏手下，想必此事定有影响。

圆滑并不意味着说出来的话都是好话，而是能够把话说得恰到好处，使闻着容易接受。不中听的话委婉一些，既能入耳又不会给自己招致麻烦。人们对于真话的接受能力并不高，尤其是负面的真话，所以掌握说话的分寸与技巧，即便是要表达不满和意见，真实的想法不适合当面说出来时，要懂得掩饰自己，沉得住气，换一种更加委婉容易接受的语言讲出来，这样不会重伤别人，也不会造成误会。

佛经有言："或身勉为善，而口有过言。"实在话和真心话，讲出真相的同时，刺和毒也一并带了出来，说出口的话，免不了会伤害他人，紧接着就会伤害到自己。结果往往是意见没有起到作用，自己还被误解，伤害到了自己还是与事无利。如果没有良好的表达方式，最好还是三缄其口，不言不语，这样不至于给自己带来麻烦，等待有了合适的机会问题也自有解决的办法。

力不及不许诺

太爱面子或者虚荣的人很容易吹牛皮说大话。然而这些话不仅骗不了自己，也骗不了别人，反而会因为夸夸其谈不受欢迎，并不利于社交。现实之中这种现象并不容易避免，人是群居生物，在亲戚朋友的聚会上，有些人急于证明自己的能力，或者太过在意自己的面子，就会口无遮拦，大话连篇。

常言道："没有金刚钻，别揽瓷器活。"亲戚朋友的聚会是畅谈友谊的时候，有人提出请托时，要认真斟酌，考虑一下这件事超出了自己的能力没有，万不可因为一时面子上的荣光而答应，否则一般会有两个结果，一是失信于别人，二是自己耗费了巨大的财力和精力才做到。心中常有一杆秤，衡量好面子与诚信和个人利益的关系，明晓孰轻孰重。说大话、吹牛皮，确实可以满足一时的虚荣，赚足了面子，可是短暂的心里满足之后，等待的是无尽的深渊，这种做法无异于杀鸡取卵，毫不可取。

"一言既出，驷马难追。"自古以来，诚实守信就是中华民族的传统美德。说出去的话、做出的承诺，不再会反悔。所以在做出承诺之前，一定要仔细斟酌，谨慎行事，否则丢掉的不仅是自己的面子还有自己的信誉，甚至还会影响到一个人的社交、诚信。

中国古代季布一诺千金的典故一直流传至今，朝代更迭，时代变迁，但言而有信的传统美德没有改变。这就告诉我们言出必行、说到做到的重要性。商人要讲诚信，才能做长久生意；朋友间要讲诚信，有一说一，才能受人信任，友谊长青。

一年一度的同学聚会又在老地方举办了，同学们开开心心地说着近况，互相关心彼此的生活。小于事业有成、家庭和美，有自己的公司，经过了多年的打拼，公司的状况越来越好，因为打下的基础扎实，所以盈利水平一直在平稳地上升。

同学们中大多都是上班族，小于比工薪阶层经济条件好不少，公司在富人区不说，自己的别墅也在那个区，家里有阿姨专门料理家务。每次聚会，小于几乎都是焦点，大家频繁向小于取致富经，饭桌上的话题聊着聊着就会聚集到小于身上，觥筹交错中，小于在众人羡慕的目光中好像体验到了衣锦还乡的风光，便神采奕奕地讲起自己是如何一步步走到今天的。转眼，聚会接近了尾声，有人已经开始起身收拾东西准备离开了，小于刚刚掐掉手中的半支烟，曾经的好兄弟小明端着一杯酒走过来说："兄弟，你现在可是了不得了。我这手边有一个项目，很不错，只是我这资金不太充裕，你现在这么有钱，能不能帮兄弟一把渡过这个难关，之后赚钱了，我会连本带利一起还你。咱这关系靠得住，你说呢？"小明说着把酒杯递到小于手里，一脸期待地等他回答。

小于刚在同学们羡慕的目光中感受了风光，也感受到自己现在地位的优越，这个时候若是拒绝岂不是在打自己的脸。于是他说："才 20 万，别说之后挣钱的事，这个忙，我还能不帮你吗？"小明把手里的酒杯碰向小于的酒杯，笑着说："真是太感谢于总了，回去就把投资计划书给你送过去，资金一到位，这事就成了一半。”小于看着小明，端起酒杯喝了一大口酒，深深地点了点头。

没几天，小明就把投资计划书送到了小于的公司，而且神采飞扬地给老同学讲起了自己的详细方案。小于没想到他真是有备而来，其实当时他只不过是为了面子随口一说，自己根本没有放在心上，而且20万的资金如果抽调出来必然会对资金链有影响。他不好意思直接跟小明说公司的资金紧张，就撒谎说自己当时喝醉了，根本不记得对他说过什么。

小明看到小于的回应，有点儿意外，但并没有表现出来，只是心里已经对这个“成功人士”改变了看法。当初一口答应，现在却矢口否认，人前赚足了面子，人后不讲诚信。在小明心中，小于已经成了一个彻头彻尾的言而无信的人，只会开空头支票。这件事之后，两人越来越疏远，旧日的同学情谊已经不在。

能力再强的人，也有弱势，也有做不到的事，在做出承诺前，要认真思考，切忌轻易承诺。刘墉曾说：“不要在必输的时候逞英雄，不要在无理的环境讲道理。”一句话点破信誉的本质，信任得来不易，一次的失信就会瓦解所有的信任，重树信任更是难上加难。千万不要为了一时的风光随口承诺，否则就会伤害了两个人。

与人交往，雪中送炭固然是好事，能够帮他人解燃眉之急是善意的行为。但是，一定要量力而行，红口白牙说大话是万万不可取的。即便是做出承诺，也要留有一些退路，不要把话说得太满。因为有些事的影响因素很多，我们能够控制得很有限，即便是全力以赴，还是有可能导致不如意的结果，所以，许诺时一定要多加慎重。

不逞一时之勇，才能有机会留下盛名。道理讲出来容易，并非人人都能严格要求自己。还是有不少人沉溺于一时的风光，不顾后果，大包大揽，最后面子丢了不说，做人的尊严和朋友的信任也荡然无存，得不偿失。面对请求，对于做不到的事，一定要跟朋友讲清楚，自己并非无意相助，实在是能力不及，对方一定会理解，不会刁难。

切莫咄咄逼人

生活中好多事都是双刃剑，语言也不例外，出口伤人其实也伤害了自己。有些人经常用一些犀利的语言，表明自己的观点，不免会给人咄咄逼人的感觉。他们大多在意言语上的气势，但生活中，这样的人并不会受欢迎。这种方式提出来的建议哪怕是有利于听者的，也会因为态度而被人排斥，不仅没有被接纳，还会给别人留下不好的印象。心理学上有这么一句话："牺牲别人去做一件有利自己的事已经不妥当，硬把这件事当作对别人的一种慷慨和施予，就是自欺欺人的行为。而且，到头来必定是失败的。"

人是有自尊的动物。面对他人如利剑般的语言攻击，内心的自尊一次次受到刺伤的时候，再宽容的人心中的围墙也会崩塌，围墙内反击的力量就会冲破内心爆发出来，表达抵抗和厌恶。聪明的人会选择用委婉的语言去达到自己的目的，又不会有损和谐的人际关系。即便是手握真理，也不应咄咄逼人，将心比心，顾全自己脸面的同时要照顾到他人的自尊；同样，被人一步步逼着走向悬崖时，我们也希望被人拉住，而不是被锋利的语言推下悬崖。因此，不要咄咄逼人，自己也避免受到伤害。

生活中，我们常会有和别人意见相左的时候，这个时候想要说服他人，不能采用咄咄逼人的方式，这样只会把商讨的重心越发推移向不可商榷的方向。作家三毛曾说："从容不迫的举止，比起咄咄逼人的态度，更能令人心服。"在说话前，把霸气、傲气放到一边，和气地沟通，才更有效，也才容易占据主导地位。

美国前总统林肯有一个优点，就是"不轻易指责别人"，对此，我们每一个人都应该学习和借鉴。林肯年轻时，也是一个血气方刚的小伙子，为人狂妄，待人马虎，不会谨慎行事，喜欢在言语上占上风。

那时的林肯对于他人错误的容忍度极低，只要发现他人的错误就一定会写信告知，有时还会特意把信扔在路上，让更多的人能够看到。一次，林肯手下的一位将军由于判断失误导致了战争的失败，林肯十分愤怒，随即写了一封信，当他洋洋洒洒写完这份指责信，合上钢笔抬头望着天空，冷静下来想：是不是有些急躁，战场上的情况自己并不了解，我只需写下一纸命令书就可以让他去进攻。可是如果我和他一样在血肉横飞的战场上，战士们的痛苦呻吟就在我的耳边，看着将士们死在我的面前，我可能会做出和他一样的选择，也会一样无奈地选择不进攻。现在，事情已经过去了，这封信如果到他手上，只会给他带来更多的难过，战士们的牺牲已经伤透了他的心，那么这封信毫无意义。而且，我可以通过一封信来表达自己的不满，可是倘若这封信给将军带来的打击太大，他终日消沉，陷于对我的不满而苦于表达，那我就失去了这么优秀的一个将军。即便是他没有不满还是继续作战，这封信也会有损他的威信，会影响到他之后的作战指挥。

这件事是林肯个人的一个转折点。从此之后，他不再写信去讽刺伤害他人，也不像之前那么咄咄逼人。除此之外，他经常会劝身边的人：“不要对于别人的过错过多指责，咄咄逼人也会把自己推向受谴责的焦点。”

周国平说过：“大智者必谦和，唯有小智者才咄咄逼人。”人是有想法和自尊的动物，可是当唇舌交战时，我们容易忽略这一点，特别是自己据理力争时，更难想到这一点，就会用咄咄逼人的态度苛责他人，伤害了别人的自尊心。这样的表现是浅薄、心胸狭窄之人所为。

即便是真理在握，也不要咄咄逼人。大多数人都是讲道理的，谦和的态度更容易劝服他人，完全没有必要牺牲别人的尊严。对于一些无关大局的小事，不妨有时主动给别人一个台阶下，这样不仅顾全了别人的颜面，自己也免于受到不必要的伤害，还有可能获得更多别人对你的好感。

公司例会上，大家在讨论食品销售。眼下一款食品的销量下降得十分严重，销售员王明站起来说：“我们可以实行买二送一的促销方式，让消费者花两份的钱得到三份产品。”王明说完抑制住内心等待夸奖的喜悦坐了下来。但是与他预想的不同，不仅没有人夸奖他，反而有很多质疑的声音。王明用了一个小时的时间来回答同事们提出的问题，并不断地在说服大家："这绝对是一个好机会，相信我，销量肯定会有很大提升的。"大家还在低着头窃窃私语。王明着急地说："大家这是什么态度，我提了方案你们都不说话，不认可也不反对，你们倒是提出新的想法来啊！还是你们觉得我的建议太好了，嫉妒我，所以都在这里不说话。"王明的最后一句话直接把事情推向了矛盾焦点。

"这个人谁招的？""会不会讲话？""这么咄咄逼人是要干什么？"会议开完没几天，该款食品销量再度下跌。王明本身提的建议可能是有效的，也许会提升销量，但是由于自己太过急切地表现自己，建议没有被采纳不说，王明也被同事们盖上了"自大狂"的帽子，真是得不偿失。

咄咄逼人会给人带来紧张的气氛，也会让人因此不愉快；相反，委婉的语言却能够让谈话在轻松愉快的氛围中进行，从而达到良好的谈话效果。

在生活中，像王明这样喜欢说话时咄咄逼人的并不少见，总是迫不及待想要把自己的想法或者意见提出来。不能否认，有些时候他们提出的想法确实有价值，有很大可能会解决问题，但是因为这样的态度很使人抵触，听者就会忽略内容直接否认，还可能会对提出意见的人有不好的看法。

《论语》有言："己所不欲，勿施于人。"同样，你希望得到怎样的对待，那就请你怎样对待别人。我们肯定也不希望遇见那些咄咄逼人、讲话带刺的人，那么我们就先要求自己在对别人讲话时和和气气，委婉表达自己的想法。这样既提高了想法的被接受程度，也不会伤害到他人的自尊，双方的感情还会在沟通中更加紧密。

讲话留有后路

月满则亏，水满则盈。话说得太满，一定会自讨苦吃。

凡事要考虑周全，要给自己留有后路，不至于到最后自己没有一丝余地，走投无路。在讲话时，要避免绝对，尽量用“可能”“也许”“大概”这些词，万一事情有变故，也不至于没有回旋的余地。通常，老练成熟的人会在言语间给自己留有余地，不把话说绝。

古人云：“待人而留有余，不尽之恩礼，则可以维系无厌人之心；御事而留有余，不尽之才智，则可以提防不测之事变。”这句话告诉我们，说话办事要留有余地，以防事情有所变化，措手不及。

讲话是一门艺术，这个道理大家都明白。我们常讲的那些会说话的人，通常讲话严谨、稳妥、留有余地；而不善言辞的人，则经常会犯话说得太满、太绝对的错误。“祸从口出”这四个字我们再熟悉不过，讲话太满，有些时候就是自寻死路，会把自己推向尴尬的境地。

善于学习的人会发现一些名人在接受采访时讲话很圆滑，我们通常会称赞这些人情商高。仔细观察我们会发现，“或许”“可能”“尽量”征询各方面意见这些字眼出现得比较多，这样的回答在很大程度上给自己留了空间，因为我们无法预知意外和明天哪一个先来临，所以在讲话时留一些空间给“意外”，避免讲话太绝对而事与愿违。

徐晨是一家公司的广告策划，年轻的他经常会提出很多有创意的策划方案，公司领导和客户也经常会对他的方案提出赞赏。但是太过自信，讲话太满却是徐晨的一个大毛病。

有一天，公司领导把一个大客户的广告策划任务交给了徐晨，在交代客户需求的时候，领导再三强调这个大客户对于公司的重要性，而且客户给的时间并不多，只有一个星期，并且反复问徐晨有没有把握。徐晨像之前一样拍着胸脯向领导保证一定可以，而且还说三天就拿出策划方案。

开始的时候，徐晨的思路还很清晰，就立即动手写方案，可是时间一天天过去，不断有琐事打乱他的思绪。三天很快就过去了，领导见徐晨没有主动来找自己，便问他进度如何，徐晨这个时候才意识到自己说了大话，三天的时间根本就不够，话说得太满没给自己留余地，很不好意思地跟领导道歉，让他再给自己一些时间。领导知道这个时候给徐晨鼓励才能够让他更好地继续接下来的工作，于是便拍拍他的肩膀离开了，但是之后这样的大方案再也不敢交给他来做了，而且对于他这种不估量自己能力就把话说太满的行为也不再信任了。

可见，没有人喜欢把话说得太满的人，这样的人会让人觉得是在说大话，尤其是后期实际行动没有跟上的情况下，会降低对此人的信任度。其实，按照实际情况去安排计划，并讲出来，这样一来自己有了缓冲的余地，谨慎的同时显示了真诚，更容易获得他人的信任。即便是事情最终结果差强人意，也会因为前期的沟通已经给自己留了余地，也不会受到过多责怪。

说话不给自己留余地，就相当于断了自己的退路，没有退路的人，就好比已经走上了死路。我们给气球打气时，不会打太满，会留有一些空间，气球才不至于爆炸；我们给杯子装水时，也会离杯口一定距离，这样水才不至于溢出来；人说话留有余地，即便是“意外”会发生，也不至于没有台阶可下。不把话说太满，还可以从容转身，给自己留一点儿空隙，事后就有回旋的余地。没有人能够保证事情不会出任何“意外”，所以给自己进退的空间，更有利于在行事时调整自己，使得事情向更好的方向发展。

人们通常会对谦虚的人印象好，而对于那些一味拍胸脯做保证的人，哪怕他真的有能力，也不免会让人觉得不够稳重、不能轻易信任。生活中，不管是为人处世，还是在职场中，不要轻易保证，出口就是“我保证、一定会这样”，将这些表达替换成“我试试看，问题应该不大，我尽量去做”。这并不是对自己的不自信，自己心里可以有很高的要求，但是意外是不可预知的，所以给自己留有一些退路，能够更好地找到适度和完美之间的平衡点。

美国有一个很有名的推销员，一次，他受邀参加采访讲述自己的成功经验，他讲了这么一个故事：“一次，我推销《幼儿百科全书》，这本书的销量还不错，我也已经卖出去了不少，我当时自我感觉很好。到一个客户家里，我说孩子们提出的任何问题都可以在这本书中找到答案，然后我就让客户家里的小孩子随便问我问题，我答应他一定会从书里找出答案。一个小男孩问了我一个问题让我瞬间愣住了，他说：‘上帝坐什么牌子的车呢？’听到这个问题的我瞬间面红耳赤，我都记不得自己是怎么从客户家里出来的。但是这件事让我记住了，话不能说得太满，牛皮吹大了会爆这么一个道理。后来，我才一点点取得了现在的成就。”

俗语说：“人前留一线，日后好见面。”生活中的好多尴尬是我们一手造成的，其中有一部分就是话说得太绝，没有台阶下，把自己逼上了尴尬之地。无论何时何地，都要不断地暗示自己，说话时要留有余地，进可攻、退可守，这样才能进退有余。那么要做到话不讲太满，以下两点需要注意：

1. 说话不要违常理

楚国有个卖兵器的人，他在集市上推销自己的兵器，便拿着自己的矛夸大其词地说：“我的矛是最锋利的矛，可以刺穿任何坚实的东西。”随后，又拿着自己的盾说，“我的盾坚韧无比，没有任何东西可以穿透它。”这时候，人群中有人发问：“那用你的矛去刺你的盾呢？”卖兵器之人顿时羞愧难当。

有时候大话会吸引别人的注意，可是违背常理的话，就容易给别人留下笑柄，这样的夸大就成了谎言。

2. 说话不要太绝对

当我们听到有人斩钉截铁地说：“这就是正确答案，绝对是这样，没错。”心里不免会产生疑问。很多人会在心理上不自觉地排斥绝对的东西和表达，即便事实果真如此，绝对的表达总是让人存疑。反而是“答案应该是这样的”这样委婉的表达的可信度更高。

常言道：“话不要说满，事不要做绝。”谈话时，即便是对绝对有把握的事，也不能把话说满。一个是我们不能控制事情执行过程中的意外因素，再一个话说太满容易有一些漏洞，而且容易引起他人反感。委婉说话，不仅提高了可接受度，也给变化留了空间，自己也有回旋的余地。

“心直”切莫“口快”

《论语·雍也》有言：“质胜文则野，文胜质则史。文质彬彬，然后君子。”这句话的意思是：质朴胜过了文饰就会粗野，文饰胜过了质朴就会虚浮，质朴和文饰比例恰当，这才是君子所为。这句话告诉我们：为人过于直率，言辞过于直白，就会显得粗野。

生活中，我们不免会见到一些心直口快、口无遮拦的人。但是，这种不分场合，不分对象，心中所想即口中所言的行为经常会导致不良的后果。小到把人挂到台面上下不来，大到会造成两人间的隔阂，招致怨恨。所以，我们在说话的时候，要三思而后行，不要鲁莽行事，以免伤人害己，两败俱伤。

表现正直并不需要“心直口快”，相反，很多时候心直口快是人与人交往中的大忌。说话要分清场合和对象，顾全对方颜面，不要把人逼上悬崖，无路可退。

学问的高低和说话的多少并没有直接关系，直言直语更不能表明学问就高，反而言多必失，会更容易暴露自己学识的不足。管住嘴，知道什么该说什么能说是十分重要的。

安娜是街区出了名的心直口快之人，因为这个得罪了不少人。

一天，安娜邻居家的珍妮太太正准备出门，在门口遇见了安娜，珍妮太太身材有些胖，而且这天穿了一件裙子，显得有些臃肿。安娜张嘴就说："珍妮，看样子你又怀孕了吧。"珍妮太太气得说不出话来。

珍妮的丈夫怀特有段时间抑郁不已，最终选择在自家的阁楼自缢结束了生命。邻居们先后来安慰珍妮，可是安娜一进珍妮家，就在不停地夸装修真漂亮，全然忘记了自己是来安慰痛失丈夫的珍妮的。临出门安娜还特意强调说："珍妮，你们家阁楼可真大呢。"珍妮客气地说："没有很大，有时候晾衣服都晾不过来。"安娜赶紧跟了一句："这还不够大啊，都能吊个人了，几件衣服还能放不下啊。"这句话一下子勾起了珍妮的丧夫之痛，瞬间难过得泪流不止。

说话直白的人总是认为自己说的是真话，没有恶意，所以不会对人造成伤害，可是不分场合把"诚实的真话"直言讲出，很容易对听者造成无形中的伤害。

心直口快的人通常只在乎自己的感受，而忽略了别人的感受和想法，说话前不会考虑自己的话会对听者带来什么感受，所以往往造成他人心里的不愉快，自己也会因此受到排挤和厌恶。即便是有时候讲出真话的出发点是好的，但是在不适宜的场合，真话就变成了刺耳的恶言恶语，伤害到他人，也把自己放到了不被人喜欢的位置。

出言不慎，祸机所伏。说话前一定要三思而后言，多聆听，不要让冲动的言语随便就出口。

《资治通鉴》中有这么一个故事：寇准是北宋时期一位颇受尊敬的好官，曾连续两度为相，先后五次在朝廷中枢机构任职。而造成他辗转于朝野的原因就是说话太过直爽，于是遭遇了罢相复相、五起五落的跌宕起伏。

丁谓任中书时，十分尊重自己的上级寇准。在一次会餐时，寇准用餐时不小心将汤汁沾到了胡子上，丁谓看见后便起身过去为寇准擦干净，可是，寇准却推开丁谓讽刺地说：“你堂堂国家大臣，就是为我擦胡须的吗？”丁谓的好心没有得到感谢不说还被这样讥讽，从此便对寇准怀恨在心。

其实，朝中受到过寇准讽刺、挖苦的大臣们联合起来准备对付寇准，其中包括丁谓、王钦若和曹利用等人，他们有机会就在皇上面前说寇准的坏话，从每一个方面诋毁寇准。本身寇准就心直口快，皇上原本看在他能力出众，一直没有在意，可是说的人多了，连皇上也开始觉得寇准不会讲话。于是寇准的政治生涯就这样走上了一波三折的道路，最终在流放雷州的时候病逝。

寇准的悲剧很大程度上源于自己的嘴巴没有管好，不懂语言的艺术，说话太过直白不经修饰。沟通的核心在于打动人心，所以语出口前应仔细思量，怎么把话说到人的心坎里。俗话说："见人说人话，见鬼说鬼话。"这并不是说人要做个两面派，而是阐述了沟通的智慧。只有辨明交谈的对象，用他更容易接受和理解的语言去交流，沟通才更有效果。不要只顾着自己一语之快，要多为对方考虑，考虑对方的心理承受能力，选择恰当的方式，才能达到事半功倍的沟通效果。不要因为心直口快伤到人，从而断送了自己的友谊。改掉不分场合直言直语的坏习惯，有以下两点建议可以供参考：

1. 言辞要迂回委婉

委婉措辞就是运用迂回曲折的语言含蓄地表达本意，这在交际中是一种"缓冲"。委婉的措辞能够给原本困难的交往添加一点儿润滑油，更好地把信息传递给听者。其实，委婉措辞更像是一种"软化"艺术，在日常交际中，一些不便、不忍、不适宜的话题，在脑中磨去这些言语的"棱角"，这样就是软化语言，使听者更容易接受，而不是被棱角所伤。

举个例子："你这样做不好"改成"你这样不好吧"来讲，一个小小的语气助词就把本身尖硬的话变得柔和。巧用否定词也可以达到同样的效果，"我不认为你这件事做得对"就比"我认为你这件事做得不对"情感要更温和。这些词语和语气的巧用都可以达到"软化语言"的效果。

2. 妙用含糊巧交际

含糊措辞就是指运用不确定或不精确的语言表达，这在人际交往中也起着十分重要的作用。说话含糊，听起来很奇怪，这并不是说要特意表达不清楚，而是在一些特定的场合，如果词语的模糊性被消除的话，有些交际和表达的作用就会受到限制。

举个例子：经理在公司例会上，可以这么说："最近，我发现公司一些同事工作没有以前认真了。"这样一来就委婉地提醒了那些工作有所懈怠的人，而没有在大庭广众之下把那个同事的名字点出来，让他难堪，这就是"一些"的作用。

七分话留心中

《增广贤文》有言："逢人只说三分话，未可全抛一片心。"这句话告诉我们，待人处世时，不要轻易把自己的底细交代过于清楚。人与人的交往更像是一场博弈，不要在对方没有抛出筹码前就先将自己全盘托出，无论什么情况，讲话留七分。西方有位哲学家曾说："我宁愿什么也不说，也不愿意暴露自己的愚蠢。"尤其是在公共场合，说话要拿捏好分寸。这样一来，即便是普通的话，也会增添分量。相反，一些不必要或者是不该说的话，千万不能出口，言多必失，学会闭嘴。当不了解对方，或者明确知道对方不是可以尽言的人，三分真话都嫌多。

年轻人刚刚踏入社会，思想还有学生的稚气，比较单纯，很容易在交谈中，口不择言，把脑中所想一股脑儿说出来，想显露出自己的一番诚意。倘若遇上好人尚可，如果对方是个心怀不轨的恶人，自己说出来的话都会被利用，因此而付出惨痛的代价就得不偿失了。

大学刚毕业的王燕进了一家广告公司，虽然是一个小职员，但是王燕干劲十足，还和公司同事范默默为了好朋友。王燕有什么事都会告诉范默默，每到周末就是两个姑娘的闺蜜时光，她们经常一起逛街或者旅行，关系很是融洽。

一次，王燕和一位老员工一起接待客户，客户趁着路上的工夫塞给老员工一个纸包，嘴上客客气气地说："辛苦了。"这位老员工没有直接拒绝客户递过来的纸包，也没有接受，最后走的时候，老员工把纸包自然地装进了自己的包里。王燕目睹了全过程，但是老员工特意嘱咐王燕不要声张此事，公司是禁止这种行为的。

又是一个周末，王燕和范默默一起逛街的时候，范默默突然问她，上次她和老员工一起接待客户的时候，那个同事是不是收了贿赂？范默默是个细心的人，她从上次王燕紧紧张张从办公室出来后就开始觉得这里有点儿蹊跷，但是王燕想着自己答应了同事不会告诉别人，而且公司确实明令禁止此事。但是范默默一直深究不放，软磨硬泡下王燕就把事情的原委告诉范默默了，还再三嘱咐自己的好姐妹不要把这件事讲出去。可是，没想到第二天，经理就把那位同事叫到了办公室，范默默为了得到经理的信任和提拔，就把这件事全部告诉了经理。可是那位同事只知道王燕一个人知道这件事，那名同事被辞退以后，公司里的人都躲着王燕，生怕自己有什么秘密被这个多嘴的人告诉经理。

无论是在生活还是工作中，都要注意说话的分寸，该说的说，不该说的千万不能说出口。王燕就没有拿捏好分寸，对于社会的人情世故守则没有参透，单纯地处理人际关系，把所有人想的都一样，最后却把自己推到了尴尬之地。在工作中尤其要留心，大家都是利益相关，竞争存在于各个方面，职场上能够真正交心的朋友少之又少，人都有私心，祸从口出，要想在职场上保有一席之地，拿捏好说话的分寸十分关键。

人生的战场有很多，推心置腹的好友实在是难得。在公司里，大家表面上一团和气，可是面对升职这些事时，所有人都会陷入钩心斗角的斗争中，难免会挤得头破血流。在与人交往时，要有一些保留，不要什么都照直照说，和同事相处也要常有防人之心，对于同事的话不可全信，以免自己成为他人前进路上的牺牲品。

古人云："谦受益，满招损。"情急之下，容易头脑一热说一些不该说的话，自己控制不了自己，就会祸从口出。有好奇心在工作和学习上是好事，可是在与人交往的过程中，不要对别人的秘密太过好奇，也不要把自己的秘密说出去，被人知道得太多和知道他人太多秘密，都不见得是好事，多知多难。我们不想惹是生非，可是总有一些唯恐天下不乱的人，因此，我们要谨言慎行，不给自己惹不必要的麻烦。

年轻人初入职场，一定要明白"言多必失"这个道理。说话时有所保留，并不是狡猾和心机，而是为了更好地保护自己，一旦有意外发生，追悔莫及。也不要轻易相信别人，对于别人的话不全信，自己说话也要留七分。这样一来自己有后退的空间，不至于被人利用，才能在与人交往时游刃有余。

见何人吐何话

俗话说：“到什么山上唱什么歌，见什么人说什么话。”这就告诉我们，说话要注意场合和对象，避免无意得罪他人。

场合是衡量一个人说话分寸的试金石，正常人不会在公共场合把自己的隐私放到台面上。这是一种本能，所以把对语言分寸的掌握融入与人交往的过程中，应该变成一种潜意识，这才是交际的能力。

生活中，时不时会见到一些缺根筋的人，不分场合地说话。比方，在寿宴上大谈人寿保险好处的人；在新婚现场说饭菜真好，下回还喊自己过来的人；在机场候机室大谈飞机失事的恐怖案件的人。这些人说的话换个场合并没有多大的问题，但在不合适的场合就会对别人造成无形中的伤害。

同样，说话不仅仅是注意场合这么简单，还要注意自己的身份。法庭之上，法官用词就要规矩严谨，不能使用上不了台面的措辞；会议之上，就不能像同事间平常交流那样随意，尤其是客户在现场时，要注意言语的礼貌。不同的场合使用不同的语言，才能既准确又得体地把自己的意思表达清楚，恰如其分最为得当。通常来说，说话有以下几个场合要格外注意：

1. 自己人场合和外人场合

自己人就相当于关起门来说话，无话不谈，言语有些放肆都是可以的。但是当有外人在时，要注意措辞，不要什么话都说，因为对外人的了解程度不够深，可能无意的一句话就会得罪人，或者被他人抓住话柄。

2. 正式场合和非正式场合

正式场合说话要严肃，而且事先要有所准备，对于说出口的话要再三斟酌。而非正式场合讲究就少一点儿，说话也可以相对随意些，氛围也不至于那么紧张。一定要注意，正式场合讲话一定不要让俗不可耐的话登上台面；而非正式场合就不要用太多文绉绉的言语，会让大家觉得端架子，不好相处。

3. 庄重场合和随便场合

有一些场合需要庄重的氛围，比如老人的寿宴，一定要格外礼貌、有诚意。在随意一些的场合，就不要太过庄重，会给他人带来负担。比方邻里之间的日常交谈，就没必要很严肃，白话聊家常就好。

4. 喜庆场合和悲痛场合

这两种场合的区分主要是气氛，千万不要说与气氛不相适宜的话。中国人对于喜丧之仪看得很重，在喜事上不要提起悲伤的话题，在丧事上万不可嘻嘻哈哈。这不仅是交谈的艺术，更多体现一个人的教养。

讲话时，不仅要注意场合，还要对对象有清晰的认知。有这么一句俗话："见什么菩萨卜什么卦，看什么人说什么话。"其实就是在说要明辨讲话对象的身份、地位、长幼，然后说适宜的话。和老人或者师长说话，要多用敬语来表达礼貌和尊敬；和孩子说话则以通俗易懂为先，不要在孩子面前装老成；和领导说话，要注意用语，不要轻佻，会让领导觉得没有受到尊重；和下属说话也不可太随便，要树立自己的威严；和客人说话时，不要使用生硬的话语，会让客人产生自己不受欢迎的感觉。总之，说话前一定要看对象，再说出合适的言语，才能有妙语生花的效果。

春桃经营一家餐厅，从业多年来受到过无数客人的夸奖。生意也越来越红火，她的诀窍就是说话要看对象。

她看到斯斯文文的人进店，觉得应该是知识分子，就会说："同志，这边请。您看看菜单，喜欢什么口味的饭菜，我给您推荐。"

工人进店时，她就会说："师傅，下班了，辛苦了，今天吃盖浇饭还是拉面啊？"

有乡下人来城里办事，进店用餐，她就会说："老乡来了啊，想尝点儿啥呢？"

与知识分子交谈时，用词文雅；和工人打招呼则简单爽快；和乡下人说话通俗朴实。每个人在就餐时，都受到了尊重而且还会认为这个地方的氛围很适合自己，春桃也让大家觉得有亲和力，这样做生意，怎么会做不好呢？

我们在生活中能够感受到，根据不同的对象说适宜的话并不容易，做到这一点的人一定是个有心的人。听别人说话时，就能快速判断出对方的身份、地位、学识，然后在脑子里把语言组织好，用符合对方口味的方式交流，实属不易。

通常来讲，严谨的人更注重他人与自己交谈时的态度。所以面对这一类人时，就要稳重，避免高谈阔论，巧舌如簧的表达，因为这样容易生嫌，反而是朴实无华、直而不曲的敦厚形象更容易得到对方的信任和好感。性情豪放的人更注重交谈的人是不是爽快，这时候知无不言，言无不尽，表现出是非分明，更有利于交流；学识渊博的人更注重交谈的质量，交谈时适当地引经据典，更容易在交谈中引起共鸣。

总之，说话一定要看对象和场合，这样一来交际才不是难事，而且自己也会成为受欢迎的人。

第四章 友人之交，切莫随意

通常有人会以为朋友之间可以随意相处，不需要客气，也没有必要太正经，不分你我才是朋友的样子，否则的话就是互相见外。诚然，融洽的氛围有助于友情的升温，心理上会觉得彼此更加亲近，但这与不分你我并不是一回事。无论多么亲密的关系，人与人之间最起码的尊重、理解还是要恪守的。说话做事，不可对朋友太过随意，更不能不顾朋友的感受，不要就这样平白断送了彼此的友谊。

人脉决定命脉

有这么一句话："有人脉成功就像坐电梯，没人脉成功就像走楼梯。"充分说明了人脉对个人成功的重要性。有时候，认识谁远比这个人是谁更重要。

哈维·麦凯大学毕业后找工作并没有自己想象的那么顺利，本以为在大学生罕见的时代，找到一个称心如意的工作并非难事，可是事实并非如此，多日的奔波还是一无所获。幸运的是，哈维·麦凯的父亲是一名记者，认识很多人，其中不乏一些政商界的重要人物，有一位名叫查理·沃德的人帮了他大忙。

查理·沃德是布朗比格罗公司的创始人，公司主要业务是制作月历卡片，多年来一直是行业的领军者。四年前的一场税务官司给这位商人带来了牢狱之灾，哈维·麦凯的父亲一直跟近这桩案子，研究后发现其中有失实的部分，于是便到监狱去采访沃德，了解事情的真相后，随后写了一些公正的报道。尽管法律的判决没有因为这些报道而有所改动，但沃德对这位记者十分感激，感谢这位作者给了自己一个公正的曝光。

沃德出狱后，了解到曾经有恩于自己的记者的儿子遇到了就业方面的困难，便给哈维·麦凯介绍了一份工作表示感谢。两个月前，哈维·麦凯还在街上四处奔走寻找工作，瞬间天降喜事，好像做梦一样。现在他就坐在铺着地毯，装修讲究的办公室里办公，顷刻间，有了一份薪资高、福利好的工作。

之后的岁月证明这份工作是哈维·麦凯的人生奠基，从业42年来，他对公司的流程十分熟悉，操作模式也早已熟记于心，推销工作对他来说也是小菜一碟，并且在此期间积累了大量的人脉资源。行业内的许多知名人物都认识他，这份工作给他带来了见识、阅历和思想上的巨大变化。42年过去，他已经成为崭新的自己，美国著名的信封公司就是他一手创办的，在之后的每一次成功分享会上，他都会表示很感谢年轻时，沃德给自己的一个就业机会，自己现在的成就都和沃德分不开。

哈维·麦凯抱着简历在街上奔走寻找工作，四处碰壁时，和大多数大学毕业生一样，不能再普通，在不如意中顽强地生活。而且哈维·麦凯并不见得学识突出、能力过人，但是因为父亲曾经受恩于企业家查理·沃德，自己也因此飞上枝头，随后在自己的努力下，没有浪费伯乐抛出的橄榄枝，也创立了自己的一番事业，人生实现了华丽的转变。

在生活中，多认识一些有成就、有名望的人，自己也会受到他们的影响，即便是不获得他们直接的帮助，潜移默化中也会受到他们的影响，也更有可能走向成功。如果因为自己的举手之劳给予了他们帮助，他们会记在心里，当你有所需求的时候，他们会用自己的能力来偿还你曾经的举手之劳。

我们的社会就是群居社会，一个人再要强，终究还是和人生活在一起，一个人想要去摆平所有事实非易事，而且有些事凭借一个人的力量是根本不可能解决的。我们在人际交往的圈子里，就必须和人打交道，所以认识一些重要的人物十分有必要。

物以类聚，人以群分。人在什么样的圈子里，就会有这个圈子的属性。富人的圈子里很少有穷人，如果穷人能够被富人认可而进入他们的圈子，一段时间后，这个人想不富起来都难，因为每天和他们在一起，听到的都是致富之道、生意之经，而且会获得大量的信息和资源。这样一来，照猫画虎，而且还会在适当的时候得到他们的提携和帮助，也会一点点积累财富，从而真正成为他们中的一员。

阿瑟·卡拉是一个地地道道的乡村少年。一天，他在报纸上读到了关于威廉·亚斯达的成功事迹，对他的成功经历十分感兴趣，于是想要了解更多详细内容，便通过报社和其他信息得到了这位成功人士的公司地址，随后便根据地址来到了威廉·亚斯达的公司，苦等了几天，才见到一面。

亚斯达个子很高，最开始见到这个等了自己好几天的黑黝黝的少年时很不耐烦，想赶紧把他打发走。可是聊下来，他对这个少年的印象有了改变。卡拉问亚斯达："我想知道，怎样才能赚到自己的第一个一百万美金？"亚斯达温柔地看着眼前这个少年，兴致勃勃和他聊了一个小时，最后送给卡拉一句话："我建议你，多去访问你身边的成功人士，各行各业，你会找到答案的。"

阿瑟·卡拉谢别亚斯达后，便开始了自己的访问之旅，他遍访美国一流的商人、总编辑、银行家等名士。虽然不是每个人的建议都能帮助到阿瑟·卡拉，但是他诚恳的探访让自己和这些成功人士建立了联系，并且在交流中收获了信心，他开始慢慢效仿名士成功的做法。

两年后，年仅20岁的阿瑟·卡拉离开了学徒的工厂，建立了自己的工厂。4年后，一家以他名字命名的机械厂成立，不到五年，他赚到了自己人生中的第一笔百万美金。之后，阿瑟·卡拉成了银行董事会的一员，这个来自乡村的青年走向成功，就是因为一直坚守这样一个信条——想要成功，就要和成功人士多交往。

每个人都想成功，这是无可厚非的，成为行业或领域内的名人，收获财富、名望、地位，这是最容易获得成就感的途径，也在一定程度上体现了自身价值。然而，我们都知道没有人能随随便便成功，自己辛勤努力的同时能够得到贵人的提携和帮助，才更容易走向成功。如果只是埋头苦干，没有人脉，成功的机会少，成功之路就会曲折且坎坷。但是，如果有人脉的话，成功就相对容易些，大家都伸一把手帮助，成功就是水到渠成的事。因此，在生活和工作中，多结识一些成功人士，十分有助于取得个人成功。

圈子对，事能成

生意人无时无刻不在和人打交道，无论是认识的还是不认识的，都要坦诚以待，特别是对于自己不认识的人，更要显示出真诚，这样你们的关系才能进一步变亲近，你的朋友圈才能逐渐扩大，关系决定圈子，圈子对了，事好办，生意易成。

李嘉诚曾说："对人诚恳，做事负责，多结善缘，自然多得人的帮助。淡泊明志，随遇而安，不做非分之想，心境安泰，必少许多失意之苦。"在他眼中，成大事者必先为人，学会做人而后成。善于与人相处，能够在交往中建立自己的人脉网，朋友圈越来越大。倘若一个人能够做到圆通有术、进退自如，自然而然会左右逢源，人脉就会像枝繁叶茂的大树一样，成大事指日可待。

李嘉诚的生意遍及电力、电信、交通、零售业等方面，他的经济实力雄厚，而且人脉资源就像千年大树的树根一般盘根错节，社会各个阶层都有涉及。零售行业的新的竞争者一段时间后就会成为他的合作者；香港的电力供应被李嘉诚的集团完全主宰。人们常说，在香港，你可以不去屈臣氏、百佳购物，但是你一定会用着李嘉诚的电，住着李嘉诚的房子。

香港的各大公共服务行业几乎都被李嘉诚垄断了。他能把一个私人企业做到这么大，这么强，在于两点：一是人际关系的处理技巧。李嘉诚能够垄断各大公共产业，必然是当地居民信任这个人，信任他的企业，而这就是李嘉诚多年来人脉网络的交织奠下的基石，而这都是源于他强大的人际关系处理能力；二是敏锐的市场嗅觉和过人的经商天赋。李嘉诚认为，经商就是一个建立信用和关系的过程，这也是交易开始的最基本条件，为人厚道、待人诚恳、有责任心，这样的人就容易得到大家的信任，也更容易广结善缘。这样一来，合作伙伴和客户都信任，生意只会越做越好。

如今，商业社会尔虞我诈，弄虚作假已成广为人知的秘密。但是正如李嘉诚所说，经商就是建立信任的过程，信任存在于商家与客户、商家与合作者关系的每一个方面，在相处过程中，要尽可能地表现诚恳、厚道、负责，这样生意才能像常青树一样越做越好。

李嘉诚的经验告诉我们，生意前要先交朋友，把各方面的人际关系都打点好，那么生意就是自然而然的事。有些有经商天赋，并且伴有雄厚资金的人却做不好生意，很大程度上都是因为这个人没有给别人留下好印象，没有在生意前让人觉得这个人值得信任。

商人要十分清楚自己在圈子里应该如何做人，做什么样的人，结交人脉是商人的必学之道。李嘉诚认为，商人眼里要先有人，而后有钱，也就是说做人要在做生意之前。他把人分为以下四种：第一种，别人帮了你，你也帮了他；第二种，别人帮了你，你不帮他；第三种，别人没帮你，你帮了他；第四种，别人帮了你，你不帮他，还过河拆桥。第一种人做到了礼尚往来，相互报答，谈不上是品德高尚的人；第二种人为人不厚道，这样的人别人帮一次就不会再度帮忙，没有长久的朋友；第三种人在别人没有帮自己的时候选择帮助他人，是有境界的大家风范的体现；第四种人是最差劲的人，商业道德缺失暂且不谈，他称不上是一个合格的人，是无耻的小人，这样的人很快就会被人所排斥。

每一笔生意达成的时候，不仅是合同的几页纸这么简单，是很多人际关系搭建的最终结果。在生意的洽谈过程中，难免会遇到一些难以通过的关口，即便不是有意刁难，有些程序本身就很复杂，但是如果有可靠的人脉，你能够被认为是可靠的，有些事就会变得简单。简言之，人脉能帮助你清除工作当中遇到的一些障碍，会使你的人脉之树越枝繁叶茂，如此下去，你的事业发展和上升的空间就越大。所以，钢铁大王卡耐基的这句话值得我们每个人牢记："一个人的事业成就，85%来自人脉，15%来自专业知识。"

朋友优势互补

俗话说得好："一个篱笆三个桩。"一个人也需要"三个帮"，人一定要有朋友，尤其是优势互补的朋友。优势互补的朋友就是生活中的一剂"强心针"，郁闷的时候，知心朋友会用心安慰受伤的你；无聊的时候，有趣的朋友会带你体验到生活的乐趣。优势互补的朋友，也是你闯荡社会的一套天下无敌的剑法，长短相和，柔刚兼并，阴阳调和。依仗这套剑法，你能够在闯荡时更好地发挥自己的功力，所向披靡。

苏菲和秦羽是好朋友，可是这两个姑娘却有迥异的性格，苏菲性格开朗、脾气火暴，秦羽却性格内向、害羞腼腆。两个人因一起进入公司任职而结识，这还是因为性格外向的苏菲的主动搭讪，两个人才成为了好朋友，虽然两个人性格大不相同，但是她们的人生观、价值观、是非观惊人地相似，对于事情的看法总是不谋而合。虽然两人的性格不一样，但是正好成了互补的朋友，处理事情时，苏菲很积极，速度很快，但是耐心不足，有些急躁；秦羽就不一样了，她是个心思细腻的女孩，可是也容易优柔寡断，但是两个人搭配起来就好像是生活和工作中的“黄金拍档”。苏菲带着秦羽积极向上地生活，秦羽则提醒苏菲注意生活中的细节小事，做事要沉稳谨慎，两人的关系一直到两人各自结婚后还很密切。

相信你身边也会有像苏菲和秦羽这样优势互补的朋友。优势互补是相互影响，为了更好地提高和完善自己，相互协作，工作和生活都会变得简单而顺心。在生活中有共同的兴趣爱好，事业上共同进步，步伐一致，就是优质的互补好友。

试想，如果老实人结交的朋友为人处世很有自己的技巧，那么久而久之，老实人受到朋友的影响，也会提高对人情世故的认识，不断地学习与人交往和处事的技巧，自己的能力也会得到提升。社会很现实，也很残酷，而结交优势互补的朋友就是在夹缝中求得的共赢，彼此的生活会因为对方的存在而丰富多彩，原本寂寞的心灵也会因为彼此的存在而增添了几分快乐。

陈密和郑珊是多年的好朋友了，两人一起在成都市中心的商业区租了一个商位。陈密在当地一家电子科技公司产品部任职业经理，郑珊多年从事销售行业，销售经验十分丰富，渠道也很畅通。陈密提供资本，郑珊提供营销技巧，两人一拍即合，紧锣密鼓地筹备中，两人根据优势分工。

陈密利用自己多年来积累的人脉，产品以最低价格购入，郑珊则利用自己丰富的客户关系，销售渠道很快就被打通了。她们不断努力拿下了好多公司的代理权，其中不乏“爱国者”“海尔”“明基”“松下”这些国内外知名品牌，销售业绩屡创新高，效益不断提升。

两人私下里也是很好的拍档，经常会交流感情问题，为彼此提出建议，两人时常感慨自己遇到对方是人生一大幸事。确实，能一起生活也能一起合伙做生意的朋友实在不可多得。

其实，结交优势互补的朋友，其实质就是“互补所需”，也就是通常说的“缺什么补什么”，向优秀的朋友学习，取他人之长补己所短，自己的能力会一天天得到提升。明确自己在某方面有劣势时，当发现有人在这方面做得很优秀，那么不妨试着和这个人做朋友，首先，对自己来讲是很有益的。

生活中有这么一个现象很常见，很多人或选择和自己志趣相投、聊得到一起去的人做朋友。这样固然相处会很愉快，可是如果只用这么一个标准去找朋友，那么时间久了，你就会发现自己的朋友圈越来越窄，人脉太过单一，这样下去是不利于个人发展的。我们应该知道，性格相似的人，优势的差别通常并不大，同样劣势也很相似，长此以往，你们的优势会更“优”，可是劣势得不到合理的改正，就会越来越“劣”，这对于个人的全面发展是很不利的。所以，我们在交朋友时，不妨适当改变下交友观，争取结交优势互补的朋友。对此，有两点建议：

1.“横向交叉”益交友

“横向交叉”就是说我们通过一位具有优势的好友，去结交更多有着相同突出优势的朋友。比方说，我们交友时会选择思想品德好的、学术专业优异的、身材长相美好的、经济实力优渥的、个性颇具特点的……假如，你和一位品德高尚的人成了朋友，你们在交往的过程中，潜移默化中你就会受到品德方面的影响，在这种氛围的熏陶下，你可以通过他结交更多品德好的朋友；当你和一个物理或者化学方面有建树的高才生成为朋友后，不免会通过他接触到更多高材生……这就是“横向交叉去发展朋友”。

2.“纵向交叉”交友益

“纵向交叉”主要强调的是年龄层面上的优势互补，年轻人思想活跃、精力充沛、善于创新、勇于突破；而年长者则更稳重、细心、周到。年轻人善于捕捉信息，更容易得到一手信息；而年长者思想成熟、经验丰富，对于事物的判断能力更强。这些差异其实就是双方可以优势互补的点，所以采取“纵向交叉”的方式，我们结交不同年龄段的朋友，会更有助于我们多方面多角度地去分析遇到的问题和困难。

培根曾说：“青年的性格如同一匹不羁的野马，藐视既往，目空一切，好走极端，勇于改革而不去估量实际的条件和可能性，结果常常因浮躁而改革不成。而老年人正相反，他们思考多于行动，议论多于果断，为了事后不后悔，宁愿事前不冒险。所以，最好的办法是把两者的特点结合起来。”

俗话说：“家有一老，如有一宝。不论什么年龄段的人，交际圈中必须要有老人，同样，老人的交际圈中也有要年轻人，年轻就是最大的资本，但并不是唯一的资本，所以在结交朋友时，我们把眼光放得更宽广一些，相信你一定会从不同于自己年龄的朋友身上找到值得学习的地方。

“互利”境界最高

人际交往的最高境界是什么？接下来这个故事可能就可以回答这个问题。

美国乡村有一对父子相依为命生活在一起。有一天，一个人找到老人说：“老人家，让你的儿子跟我去城里工作吧。”老人连连摇头拒绝。

这个人继续说：“我会在城里帮你的儿子娶个妻子，这样能让你的儿子跟我去城里了吗？”老人还是连声拒绝。

这个人接着说：“要是我给你儿子娶的妻子是世界首富的女儿，这样可以吗？”老人犹豫了一下，同意了。

几天后，这个人找到世界首富，对他说：“尊敬的先生，我认识一个年轻人，想要娶您的女儿为妻，您看怎么样？”

世界首富觉得这个人很奇怪，但还是客气地说：“对不起，我的女儿年纪尚幼，而且这是我的家事，就不劳您费心了。”

这个人说：“如果这个年轻人是世界银行的副总裁呢？”

世界首富考虑了下这门亲事，同意了。

又是几天后，这个人找到世界银行的总裁，说：“尊敬的总裁先生，有一个人您必须马上任命为副总裁。”

总裁不解地说：“银行已经有很多副总裁在帮我打理事务，为什么我要再任命一个，还要马上任命呢？”

这个人紧接着说：“因为这个人是世界首富的女婿。”

世界银行的总裁听到他这么说，便马上同意，写下了任命书。

这个有趣的小故事实际上就是反映了人与人之间的互利关系，其实也就是人际交往的本质，而这也就是人际交往的最高境界。互利简单讲就是利益交换，当我们渴望得到别人帮助时，能够为别人做一些事，给别人一些相应的报答，别人会更乐意提供帮助。

现实生活中的好多合作伙伴都没有血缘关系，但是他们的互利关系能够建立起来。虽然其间并不见得是友谊在支撑，但是他们称兄道弟，其实，这就是一种很现实的利益交换，可能有些人会不齿这种做法，但是不得不承认的是，现实有时就需要这样的关系。

美国最大的公关公司有一名叫莱恩斯的职员，她从事这份公关工作已经数年，对业务很熟悉，而且公关工作为她铺下了广泛的人脉基础。她觉得时机成熟后，毅然决然地从公司辞职，创办了自己的公关公司，把目标客户群体定成了娱乐领域，她认为这个领域遍地是金。可是，公司成立后，较有名气的演员、歌手的合作很难签到，公司一直靠小买卖和一些零售商店的公关宣传业务维持着。

莱恩斯一直苦苦寻求和重量级明星的合作机会来提升自己公司的知名度。在她苦恼之时，一位青年演员——丹尼出现了，他外貌条件很好，而且演技也很好，是个很有天赋的青年演员。他刚刚在电视选秀节目中脱颖而出，是一个名副其实的新星，所以他迫切需要一个公关公司来为自己做宣传，趁热打铁提高自己的知名度，但是新出道的他没有能力支付知名广告公司的宣传推广费。

因为一次偶然机会，丹尼和莱恩斯相识了，了解过对方的情况后，两人立即决定合作宣传。莱恩斯全权策划了丹尼的宣传工作，两人优势互补，可谓是达到了最高境界。经过合理的宣传后，丹尼不断收到电视剧的邀约，而且在其本身英俊的长相和精湛的演技下，他收获了大批观众的支持。莱恩斯调动自己在报纸和杂志方面的人际关系，一波又一波宣传丹尼，同时自己公司的知名度也得到了提高。

其实莱恩斯和丹尼的关系就是一种很明确的互利关系，双方各取所需，彼此的事业都成功地上了一个新的台阶。

我们每个人的能力是有限的，而合作可以实现1+1>2的效果。与人合作，在利用他人优势的同时，自己的优点也得以放大。因此，追求没有任何功利色彩的合作是没有必要的，也不要抱怨朋友结交就是为了功利或者利用自己，而我们也应该非常坦诚地去接受这个互利共赢的交往本质，这样，也会减轻自己心理上的失落感。

有很多人崇尚“君子之交淡如水”的友谊，认为只要涉及钱财感情就变了样，在交朋友时，特别忌讳谈利益，认为一旦利益被提起，就是“势利”。其实，这种看法也有些偏颇，人与人的交往是不可能完全脱离利益而存在的，即便是没有金钱的交换，无形的利益也会存在，实际上，这就是人与人交往的本质所在，无论是感情的相互满足还是简单的金钱交换，都是互利共惠的形式。

雪中送炭近心

常言道："锦上添花易，雪中送炭难。"对身处困难和痛苦中的朋友伸出援手，这就好比是饥寒交迫的寒冬里温暖的炭火，是及时又必需的帮助，这样的帮助会令人终生难忘。相比之下，给身处荣光的朋友送上一声祝福就显得很单薄，虽然也是出于真心，但远没有雪中送炭来得更加珍贵。

举个例子，有朋友家里突遇不测，使其蒙受了巨大的打击，经济情况大不如前，这个时候，如果你及时送去钱财或者是其他的生活用品在他们困难时给予帮助，这一份对朋友的真心是十二分可贵的。在别人最需要的时候，以朋友的身份送去最及时最恰当的安慰和帮助，对于加深与朋友间的友谊的促进作用是最有效的，而且你的形象也会在朋友心中显得更加高大和可靠。

王少华和陈元明在单位里是人人称道的员工，两人都是佼佼者，难分伯仲，但平日里两人并没有什么私交，只是偶尔一起参加工作上的应酬。两人的勤奋和努力全单位领导和同事都看在眼里，最近有传闻说要在他们两人中选出一人提拔成正科长。可是传闻传了一段时间，上级也没有任命安排，此事便没人再提了。

过了几个月，王少华的父亲不幸出了车祸，医院的治疗每天都要花很多钱，最让王少华头疼的还是马上要进行的一场大手术，他这段时间一直在向朋友们借钱。这件事被陈元明知道了，他便私下里找到王少华，给了他三万块钱，安慰自己的同事说：“叔叔的事我知道了，这些钱你先拿去用，别太担心，一切都会好起来的。单位这边我替你多照应，你需要照顾叔叔的话，我这边帮你安排工作。”

王少华这时正像热锅上的蚂蚁，听到陈元明这么说，心里一下暖洋洋的，不住地说感谢陈元明的话。陈元明宽慰他说：“别这么客气，谁都难免家里有些着急事儿，以后我有事的时候还要你帮忙照应呢！”王少华说：“平日里，我们交情也不深，关键时刻你帮我这么大忙，我一定会记住你的好心的，单位这边还要拜托你照应。”

王少华的父亲手术很成功，身体一天天好转了起来，王少华也回到了单位，工作回到了正常轨道。一天，单位领导安排王少华写一个下半年的工作计划，并且给了他暗示，这个工作计划会跟正科长的提拔直接相关。王少华接到任务后，找到了陈元明，对他说：“我父亲的事还要感谢你及时帮助，手术很及时，父亲现在身体也还不错。这次正科长的提拔，我不会和你竞争的，这篇计划还是你来写，领导这边说，写得好基本就能把这事儿定下来了。”

陈元明看到同事这样做，觉得不妥，左右推辞，但是王少华坚定地说：“要不是你的帮助，我现在都不知道父亲会怎样，你帮了我这么大忙，我回报你这不是应该的吗？”这时，陈元明也不再推辞，紧紧握住王少华的手，点了点头。

患难见真情，当有人不幸落难，深处困境，这个时候无论是谁向他伸出援手，他都会此生铭记。因此，不要吝啬帮助那些遭遇不幸的人，也许这份帮助就是自己投资的最正确的一份感情。同样，我们也要牢牢记住那些在困境中给过我们帮助的人，在恰当的时候给予适当的回报。

童明山前几年看准市场投资了房地产生意，周围的朋友像海浪一样一下子都围在了他身边。于是，童明山就一直辗转于各个应酬，逢年过节忙着收礼送礼。在这样忙碌的生活里，却很少看见多年的老友方连年的身影，童明山不知老友是不是因为自己平日里应酬太多冷落了他，还是因为自己发达了，老友看不过去，两人的关系远没有之前那么密切。

金融危机对房地产行业的打击很大，童明山破产了，一下子从山顶跌到了谷底，这时，身边那些笑面相迎的朋友一下子不知道哪里去了，童明山身边突然安静了下来。过了一阵子，童明山从破产的阴影中走了出来，决定做点儿小生意重新开始，可是自己现在拿不出那么多钱来投资，正当犯愁的时候，方连年的一个电话打了过来，问了老友接下来的打算，童明山就把自己的想法告诉了老友。两人打完电话后的第二天，方连年就拿着十万元现金来到了童明山家里，童明山很意外，也很感动。这时，他恍然大悟，在自己困难的时候还能来帮助自己的人才是真正的朋友，方连年第一个站出来帮助自己，这份情谊童明山下定决心要一辈子铭记。

当一个人春风得意、左右逢源的时候，他什么也不缺，什么帮助其实都显得有些多余，所以并不会给人留下多深刻的印象。

但是，对于深陷困境的人，大多数人都会选择躲开，这个时候如若有人伸出援手，他必定会铭记于心，日后肯定会找机会回报。所以说，雪中送炭是更高明的投资，而锦上添花只是安全之举。俗话说：“滴水之恩当涌泉相报。”你的举手之劳，可能就会给人留下深刻的印象，令人终身难以忘怀。

为人处世，最难的就是恰到好处，能够给深处困难的人以恰当的帮助，是直击人心的安慰，甚至会被别人看成是恩人。大家对于恩人都是时时刻刻惦记着报恩，天有不测风云，万一自己有了困难，曾经受过自己帮助的人就会走上前来帮助你。所以，帮助别人的时机也是很重要的，在其最需要帮助的时候，要有勇气站出来提供力所能及的帮助，这就是投资这份感情的资本，也是很高明的为人技巧。

救急优于救穷

在日常生活或工作中，不免会遇到有朋友张口借钱，这个时候借与不借就是我们要考虑的问题。有这么一句老话：“救急不救穷。”朋友鼓起勇气问你张口借钱，如果不借给他，自己会为没有帮助到朋友而愧疚，对方也会觉得你不够朋友。但是，我们静下心来仔细想想，这句话是很有道理的，“救急不救穷”这几个字最早是封建社会农民传出来的，历史久远。封建社会的主要经济模式就是务农，家家户户有自己的田地，种上庄稼和蔬菜，除了自己家的食用外，剩余的就拿去卖钱给自己置办别的东西，或者留在家里应急。那个时候，家里是否富有与努力耕田是直接相关的，贫穷就说明这家人种田不够努力，富有就是家里人努力种田得来的。那时候，也会有借钱的情况发生，只不过大家的原则就是“救急不救穷”，救急是为善，但是对于懒惰的人，再多的钱也不能真正帮到他。小农经济就是在这样的观念中逐渐发展的，而且也对封建伦理文明传承进步起到了促进作用。

尽管时光流转，社会不断进步，经济不断发展，但是“救急不救穷”这五个字传达的观念还在一直流传，并没有与当代社会产生矛盾。因为这句话强调的实质并不是贫富的概念，而是一个人是否努力、勤奋、上进，如果是借给勤劳的人，这笔钱会帮到他，他会更努力地赚钱，这笔钱对他来说是可以改变自己未来生活的；但是这笔钱给了一个懒惰的人，只能够让他的生活一时变好，可是他不懂得怎么去创造财富，也不愿为之努力，不要说改变自己的生活，连还别人的钱都是不可能的。所以，我们现在可以将这句话理解成“救急不救懒”。

吴孟达和周润发因为30万借款而绝交的事几乎是人尽皆知。吴孟达和周润发两人同时进入TVB无线艺员训练班，是同班同学，交情很深。吴孟达走红时，周润发还是一个跑龙套的小演员，一直以来，吴孟达都尽己所能帮助周润发，周润发一直对吴孟达很感激。1971年，吴孟达考入TVB艺人培训班，继《楚留香传奇》胡铁花一角后事业冲到了顶峰，他自己也说：“红得就像是现在的周杰伦。”但是，1980年，他欠下了30万元的赌债，一时间，负面影响让演艺事业走到了最艰难的时候，没有角色找他演，他的演艺事业几乎宣告破产。由于赌债还不上，他就向好友周润发借钱，没想到遭到了拒绝，两人一度绝交。

“我当时就想找周润发，他是我第一个想到的人，可是他只给了我四个字：自己解决！我当时恨极了他，我理解不了啊，30万对那时的他来说根本不算什么事，可是他这样说，这四个字听得我想自杀。”吴孟达回想起那段经历，眼中还会有闪亮的东西闪过。其实，不只是周润发，当时的吴孟达确实有些不求上进，连自己的师弟杜琪峰也觉得师兄当时就像是一块烂泥。1988年，吴孟达沉寂了八年，遇到了周星驰后才重新开始了自己的事业，重整旗鼓。后来还成了周星驰的御用配角，事业再一次走向了顶峰，自己的生活也慢慢步入正轨。回望过去，周润发并不是太看重金钱的人，一直以来，周润发活跃在公益的舞台上，汶川大地震那笔上千万元的匿名捐款，圈内人都知道就是周润发捐的。后来的吴孟达才明白，当时周润发没有借钱给自己，是为了激发自己的斗志，不想看自己再沉沦。所以，虽然吴孟达经历了很难的几年，但是他确实要感谢周润发，倘若周润发当时用30万元帮他渡过了那个“难关”，谁又能知道后面还有多少“难关”呢？

有一句古谚语可以很好地解释救急的意义——饥渴时点滴如甘露，酒醉后添杯不如无。我们现在说的“救急不救穷”其实和“授之以鱼，不如授之以渔”是一个道理。直接把钱给穷人，会让其产生依赖心理，而教会穷人怎么赚钱，才能从根本上改变贫穷的现状。所以，比帮助朋友解决一时之困更有意义的是挽救苦海中的朋友，避免他在苦海中继续沉沦，脱离苦海远比给他一把桨更重要。

老人常说："难的不是做好事，而是一辈子做好事。"确实，长久坚持做一件事已经很难了，而做好事就更难了，要让朋友明白，帮助可以是一时的，但是一世的救赎还要靠自己。就好比我们可以扶一把，但是不能背着一个人前行，我们要让受难中的朋友重新站起来，用自己的能力行走甚至飞奔。我们都明白，这个世界需要爱，我们也提倡帮助弱者，但是并不能因此而忽略贫困的根源，只是一味地解决表面问题，从根本上帮助需要帮助的人，才是助人之本。

莫探朋友隐私

我们都有自己的小秘密，这些小秘密可能是情感上难以言说的青涩、学习上苦不堪言的无奈等，这些小秘密关于自己的各个方面。我们在交往的时候，会有意地把这一方小天地保护起来，不被他人发现，也避免他人的践踏。这些秘密是绝对保密的，哪怕是对朋友或者家人也保有一份神秘。但是，我们又经常会遇到一些好奇心很强的人，总是喜欢打探别人的隐私，更有甚者喜欢广而告之。我们换位思考一下，就会理解那些不愿被发现秘密的人的想法，所以，哪怕是最亲密的家人或者朋友，我们都不要随意去打探对方的隐私。现在是网络发达的时代我们的隐私已经被暴露了太多，守护好内心的一份小秘密，显得有些奢侈了。

守住秘密，不仅是对他人的尊重，也是自尊的体现。但仍有一些人，出于虚荣或是别的原因，没有咬紧牙关，将朋友的秘密说了出去，自己背上了“大喇叭”的名声，也让朋友遭受了损失，甚至这份友情就此改变或画上了句号。守住别人的秘密实在不是一件简单的事，别人出于信任告诉了你自己的秘密，其实也给了一份无形的压力在你的心头。如果自己明白受不了这份压力的煎熬，一开始就不要表现得对朋友的秘密很感兴趣，如果别人把秘密托付给了你，就一定要遵守诺言，咬紧牙关，不要泄露。

公司新来了个员工名叫周天和，刚进公司的时候，因为他为人和善，同事们特热情地欢迎这位新来的同事。可是没过多久大家就发现周天和很爱打听别人的隐私，这点让大家很是厌烦，于是，就纷纷拉远了和他的距离。

一次，周天和和王庆一起去吃饭，路上遇到了另一个部门的主管，双方打过招呼后就各自去吃饭了。王庆还是和周天和聊着日常工作中的一些琐事，可是周天和却表现出了对那个主管的强烈兴趣，拉着王庆一直问那个主管的性格、爱好等私人的事情，甚至连家庭情况都开始打探。王庆很不喜欢他这种行为，这顿饭之后再也没有见过两人一起私下里做过什么事了。

周天和平常工作不忙的时候，还喜欢去别人的工位上待着，手闲不下来地翻翻别人的电脑或是抽屉，文件和私人物品都不放过。他口中说着，大家都是同事，办公室是共有的，这里哪有什么秘密。但是这番说辞并没有人赞同，大家都对这个人反感极了，多次警告周天和，他还是像往常一样，部门里没少因为他这个不良习惯引发矛盾，大家开始对这个人避而远之，电脑和抽屉都上了锁。

周天和的这种行为，在心理学中有专业的术语来形容，叫作好奇心理和控制心理。好奇本是人的天性，由于社会和道德的约束性，大家逐渐控制好奇的发展。但是，周天和本身的约束力太弱，而且他的行为把原本正常的好奇心理扭曲得有些病态，所以十分遭人嫌。好奇心和控制欲通常是并存的，当我们有意无意地打探别人的隐私时，就会保护自己的隐私，在心理暗示自己不要暴露自己的隐私，这都是为了保护自己。因为隐私通常是不愿曝光的事，换句话说，会在特定情况下对自己造成威胁，为自己的隐私设置防护栏就是在保护自己。

人与人的交往，需要有一定的距离，把握好一个度，既是礼貌，也是自我保护。所以，一般来讲，能够保护自己隐私的人通常会尊重别人的隐私，不会主动打探别人的隐私，对于那些信任自己而把秘密告知的朋友，对方也一定要帮他守好这份秘密。在交往中，哪怕是再亲密的人，也会对打探自己秘密的行为感到厌烦。

单默瑶从不打探别人的隐私，而且会主动避开这方面的信息，当然，她也不会允许有人来打探她。公司里，大家对单默瑶的印象都是铁面无私的高冷女神，虽然如此，但她和同事们的关系并不僵硬或是冷漠，只是没有相处得特别亲近。有人向她询问工作有关的事宜时，她一定知无不言，言无不尽。但是就餐或者在班车上时，大家会自然而然聊到家庭、孩子、股票、旅游这些日常，她就会戴上自己的耳机，像是一个局外人一样。单默瑶并不是故意装作神秘，她只是很理智把自己的圈子分得清楚明白，不同的圈子里需要不同的话题，而且她十分明确自己在不同的圈子里扮演的角色，没有必要把不同的圈子融合到一起。公司里的同事对她工作以外的事几乎一无所知，哪怕是家庭住址这些基本信息，除了人事部门的信息，没有人知道。单默瑶很享受自己的这种相处模式，同事之间的交往更重要的是工作中能够合得来，如果聊起私事，倘若愉快还好，如果不愉快的话，还会给两人的工作带来负担，得不偿失。为避免这种情况发生的最好办法就是不打探别人的私事，也不跟同事讲自己的私事。

生活中，无论是街坊邻居还是公司的茶水间，总有一些人聚在一起有说有笑，家长里短地聊着，有些时候就会聊到别人的事，更有甚者喜欢拿隐私来开玩笑，还互相攀比谁了解更多别人的隐私。这种做法不仅是不尊重人的表现，也是不自重的体现。那么，要做到尊重别人的隐私，有以下建议供参考。

1. 不主动透露自己的隐私。

2. 人际交往中，适度保持距离。

3. 对于别人的家庭不好奇。

4. 记住两个底线，对于女人来说，年龄是底线，对于男人来说，金钱是底线。

5. 凡事切忌刨根问底，控制自己的好奇心。

6. 不要交换隐私。

7. 远离搬弄是非之人。

8. 上司的隐私是雷区，同事的隐私能避则避。

9. 不传播隐私，不议论他人。

我们要牢记的是，大多数人都不喜欢自己的隐私被打探，更不要替别人四处传说，或者被开玩笑。隐私之所以为隐私，就是人心里最隐秘的部分，一旦隐私被人掌握，内心就会感到局促不安，这个时候心理安全感荡然无存。所以，在与人相处时，要管住自己的嘴，控制自己的好奇心，不多问不多说，好人缘通常是属于能够把握好人际交往中的度的人。

时时注意尺度

“再伟大的交情，也要拿捏好尺度。”这是一种很难把握的处世哲学。说起来并不难，就是告诉大家要把握好为人处世的尺度，彼此都留有一些余地。其实，不管做什么事，分寸的掌握是很关键的，适可而止是最好的状态。做事时不要苦苦相逼，无论哪一方走到了悬崖，对于双方来讲都不算好事。凡事不要做绝，既给自己留有回旋的余地，也给了他人无形中的台阶，这样一来，才能更好地面对未知道路上的意外，更有效地解决问题。

在生活中，每一个个体都不是独立存在的，独角戏几乎是不存在的，我们要和各种各样的人打交道。处事方式显得尤为重要，分寸得当不仅给了对方转机，也留给了自己回旋的余地，这也是宽容的体现。在残酷的社会中，要有自己的人生价值观标尺，无论做人还是做事，都要知道尺度在哪里，什么情况下是安全的，也要学会见好就收，不要太刻薄，不然会一无所获。

给别人留余地，实际上也给自己留下了余地。即便是在竞争中，也要给对手留一些余地，把人逼到绝路收获的成功固然会带来一时心理上的快感，但是事后，善的本性会让大家更多地同情弱者，这个时候就算是胜利了，也难免会被说刻薄，哪怕自己以实力取胜并没有使用卑劣的手段。而且，胜败乃兵家常事，我们不能保证自己永远不会有失意之时。那个时候，我们希望被人善待，所以，凡事留有回旋的余地，不仅体现了宽容大度，也是人际交往中很重要的技巧。就像走马行车，如果走到山穷水尽才想起来调头，就没那么容易了。这些例子都告诉我们一个道理，那就是为人处世要注意分寸，才能进退自如。

英国著名雕塑家安尼什·卡普尔，凭借《坠入地狱》这一作品一举成名。一天，一名记者采访安尼什·卡普尔，巧的是，这位记者是一名雕塑爱好者，两人聊得很愉快，他便向安尼什·卡普尔请教塑造完美雕塑作品的关键是什么。

安尼什·卡普尔笑着对记者说：“据我个人经验，我认为最关键是两点，一是要把鼻子雕大一点儿，再一个就是眼睛要雕小一点儿，我认为这是我雕塑的秘诀。”

记者听到这个答案，脸上露出了不解的神色，便接着问：“为什么呢？大鼻子小眼睛的人像应该不会好看啊！”

安尼什·卡普尔听到记者这么说，大笑起来，解释说：“这样的人像当然不好看，可是这样才有修改的余地啊！鼻子可以由大改小，眼睛可以由小改大，可是如果鼻子太小的话，怎么能够再变大呢，同样，也没有办法把大眼睛毫无痕迹地改小啊！”

记者恍然大悟，好的雕塑作品是经过无数次的修改才最终呈现的，所以一定要留有修改的余地。

其实，安尼什·卡普尔这份留有余地的智慧，用到做人做事上也很有说服力。为人处世，像雕塑家雕塑一样拿捏好分寸，留有余地，不把话说满，不把事做绝。这不仅是一种智慧，更是一种情怀和美德。

做事要注意尺度，留有回旋的余地，又何尝不是给自己留一条后路呢？这个策略在为人处世中很关键，同样是审时度势后的思想升华。凡事能为自己留有后路，并不简单，但是却很关键，不仅保全了自己，可能重生就是从这里开始的。

为自己留有后路已经不是易事，能够为他人考虑，也留下一丝余地的人不仅是有技巧的，更是一个善良的、高尚的人。也许这样的做法会失去一部分名利，但是收获的却是他人的一颗感恩之心。处理事务的时候，应该灵活处事，不要把人或事逼到绝地，能够做到这一点的人，自己的结果也不会差。

一个深夜，家家户户已经熄灯休息了，布莱恩先生才结束了一天的工作，疲惫地走在回家的路上，就要到家门口的时候，他看见一个左顾右盼的人，还有一个人拿着什么在撬门。布莱恩先生当机立断拿起手机报警，警察很快赶到，逮捕了窃贼。可是，就在这两个小偷儿被押上警车的时候，布莱恩先生才看清这只是两个孩子，那个小点儿的才只有10岁。

法院审判后，考虑到没有给布莱恩先生造成经济损失，便只判了半年的监禁，但是布莱恩先生还是不忍心，便主动向法官求情，说："法官大人，我请求把这两个孩子的监禁改成半年的劳动，就在我家里就可以，请您答应我的请求。"

经过布莱恩先生再三请求，陪审团经过商讨后，修改了判决。两个孩子跟着布莱恩先生回到家，十分感谢布莱恩先生，他也像对自己的孩子一样对待这两个孩子，教他们学习，一起吃饭、劳动，会给他们讲故事，教他们做人的道理。半年很快过去了，他们十分不舍得离开布莱恩先生。但是，布莱恩先生告诉他们："孩子们，你们年轻，外面的世界才是属于你们的。"

两个孩子带着布莱恩先生的嘱托上路了。多年后，他们一个在上市公司任经理，一个在大学任教授。每年都会相约一起来到布莱恩先生家里，重温那段难忘的日子。

其实，布莱恩先生本可以让两个孩子受到法律的制裁，接受审判，但是他没有这样做，而是选择用自己的善意和爱挽救两个孩子，也成就了自己。试想，如果当时两个孩子进了监狱，半年后，可能还是小偷儿，做着苟且的事，而且会报复布莱恩先生。这样一来，更有力地说明给别人留有余地，就是在保护自己。

人在社会中行走，拿捏好做人做事的分寸十分关键。还是那句老话："话不可说满，事不能做绝。"凡事留有一些回旋的余地，也就有了足够的弹性空间。如果人人都明白这个道理，那么我们的社会会越来越和谐，因为人人都会从中受益。

第五章 收敛锋芒，学会隐藏

有些人生性张扬，或许是出于虚荣心作祟，或许是个人习惯如此。我们难免会在生活中见到锋芒毕露的人，如果一味显露自己的锋芒，无时无刻都把自己放到台风眼，丝毫不顾别人的感受，台风也难免会伤到自己。细心观察我们就会发现，大智者是不会时时刻刻显露自己的才华和能力的，他们不会刻意炫耀自己的才学，而是克制自己，不去过分地争强好胜。成功的路上，自信扮演的角色无疑是十分重要的，但如果过分表现，难免会引起周边人的不适，也许还会遭人嫉妒。恃才而骄，也许不会脱颖而出，反而会挫锋断刃，竹篮打水一场空。所以说，要学会洞察事态，在适当的时候隐忍，收敛自己的锋芒，才能更好地保护自己。

示弱保全自身

我们承认，有些人确实有过人的能力，但是如果不断地卖弄自己的才学，炫耀自己的能力，尤其是在一些不适宜的场合，风头太盛难免会盖住别人的光芒，免不了让他人难堪、丢面子，也许就会给自己树敌，这个时候的春风得意就显得不那么有价值了。不分场合地显露自己的才华，处处争强好胜，很容易成为被人攻击的靶心，这样一来，就会有很多麻烦找上自己，而罪魁祸首就是自己。所以，在特定的场合适当地收敛锋芒，甚至可以示弱，不仅照顾到了他人的面子，还可以巧妙地展示自己的度量。

李栋从名牌大学毕业后进入科研所工作。因为个人才华，领导十分器重他，入职不久，就把一个有难度的科研项目交到了他的手上。李栋也很争气，没有辜负领导的期望，因为自身基本功足够扎实，而且所里的同事都很配合他的工作，原计划一年才能完成的科研项目，短短几个月就完成了，这下子，领导们更加对这个年轻人另眼高看了。

所里为了表彰和鼓励同事们，召开了庆功宴。李栋作为项目主要负责人被安排上台讲话，李栋接过话筒，就开始讲自己是如何废寝忘食查资料，没日没夜地加班加点，已经好久没有休息了，滔滔不绝讲了半个小时，一直围绕着自己，全然没有提同事们和领导的协同帮助，好像所有的功劳都是他一个人的。他还没有讲完，同事们在底下开始窃窃私语，所里的领导听到李栋这么说，脸色也阴了下来，同事们交头接耳：“李栋这话说得好像我们就不辛苦一样，这个项目是大家一起做的，一起苦战了这么久，最后功劳全是他自己，而且，一点儿也不顾领导的面子，这让领导的面子往哪儿放？”

庆功宴还是顺顺利利地结束了，李栋的朋友走过来对他说：“你呀你！刚刚怎么能那么说，同事和领导的帮助只字未提，怎么都不知道表示下感谢！”

庆功宴后，同事们对李栋的态度也发生了大扭转，他让小孙帮忙打印东西的时候，却被冷冷地回复：“你可是干大事的功臣，我这样没本事的，不配给你当下手啊。”他让小吴帮忙发传真，说了好多次还没有发过去，无奈之下。李栋敲响了领导的门，跟领导反映了一下情况，没想到昔日里那么看重自己的领导不冷不热地说：“是吗？你这大功劳家都指使不动啊，那我就更没有办法了啊！”

所以，自那次的成功之后，李栋再也没有完成过任何科研项目。

故事中，李栋在庆功宴上对自己的功劳大肆吹捧，不断地炫耀自己的才华，对于领导和同事的帮助只字不提，全然不顾在场的其他人。对于上司来说，有能力的人能为己所用固然是好事，可是一旦他们察觉到这个人对自己不尊敬，不受自己的管控，甚至会威胁到自己的时候，就会改变对这个人的看法，甚至会在以后的工作中变相施加压力。没有领导的支持，想要顺利地开展工作可谓难上加难；对于同事来说，这样不知感恩的人，没有人愿意帮助他，职场中大家都是互利共生的，倘若同时在这个人身上看不到“返利”，便会放弃“投资”。所以，在有些场合上，适当地示弱，不仅是照顾别人面子和情感的做法，实际上也是保全自身的做法，而且会给自己之后的路铺砖，能走得更稳当、更长远。那么，有哪些场合需要我们学会示弱呢？

1. 有领导的场合一定要及时示弱，弱化自己的优势，强调领导的才能

很多人觉得自己有才华、有本事，就无时无刻不想展露自己出色的一面。但是，社会就是社会，我们要时刻清楚自己的地位和角色，自己获得赞赏的时候，一定要把领导带上，这样才不会造成领导心里的不平衡和不安，尤其是自己的能力可以与领导的能力一较高下的时候，要更加注意把功劳的天平向领导的方向倾斜。不要让领导对自己产生怀疑，不然他们会用数不尽的手段和措施来证明身为领导的能力和权威，这样一来，就会给自己带来麻烦。

2. 有长辈的场合要适当地低调

长辈都是有资历的人，我们尊重是应该的。所以，在有长辈的场合，仅仅做到尊重是不够的，还要顾全长辈们的颜面，适当低调些，把自己的锋芒收一收，长辈们都或多或少在不同领域取得过成就，所以，不妨避开自己强势的领域，多谈谈他们擅长的领域，并对其表示肯定。

3. 权威人士在场的时候适当犯错也不是不可

每个领域都有新锐人才，这是好事。可是即便能力再强，在权威人士面前都不能夸大自己的成就，甚至要适当地犯个错来告诉权威人士，自己能力尚浅，还需要权威人士的帮助，这不仅维护了他们的面子，而且把自己放到了一个学生的位置，不仅不会激起他们内心的不满，兴许日后还会得到他们的帮助，我们都知道在行业内有权威人士的帮助就如虎添翼，取得更大的成就指日可待了。

遮光盖芒处世

俗话说："枪打出头鸟，出头的椽子容易烂。"我们不能否认，人都有虚荣心，我们希望通过表现自己来吸引别人的注意力。可是，当我们沉浸于炫耀带来的心理慰藉时，却忽视了这样的做法会让别人有什么感受。也许有的人就会心里不平衡，还有些人会因此生恨，进一步就会变成自己的敌人，站在了对立面上，当这种情况越发严重，越来越多的人站到你的对立面时，事情就会变得复杂，麻烦也会越变越大。这就是为什么人常说，"天下第一"难当，"天下第二"最佳。

袁佳在一家软件公司任职，主要负责编程。和多数程序员不同，袁佳不仅思维活跃、头脑灵活，而且口才很好，深得老板的赏识和同事们的欣赏。老板总是会把一些重要的工作交给他去做，他也没有谦让过，认为自己的能力强就应该多承担一些，得到重用也是应该的。

可是，袁佳仗着自己深得老板的喜爱，不仅把老板派下来的重要工作包揽其中，还经常抢别人的工作去做，而且还振振有词地说："这个工作有点儿难度，还是我来做吧，你做别的就好。"一次两次尚可，可是久而久之，同事们对袁佳开始表露不满。

时间越长，同事们对袁佳的态度越来越冷淡。但是，袁佳却觉得同事们不仅没本事还嫉妒自己能力强，也没有放在心上。

部门主管因为个人原因离职了，这个职务空缺后，大家的眼睛都紧盯着，公司高层决定从员工中选拔一名任新主管，采取了民主投票的方式，让员工自己选择领导。袁佳认为，自己能力出众、学历又高，又是公司的顶梁柱，这个机会就是为自己准备的。可是，最后的投票结果让袁佳看清了自己，除了自己投给自己的一票外，没有任何一个人投他。

最后，公司高层顺应民意认命了新的主管，新任主管一上任就把袁佳肩头的"重任"完全卸了下来，日常吩咐给他的工作都是一些琐事。

这件事给袁佳带来的打击很大。他终于彻底明白，能力强只是一方面，能够在一个群体中获得大家的信任和尊敬，必须会处理人际关系，而自己正是缺失这一点，意识到这些的时候，袁佳选择离开这里，换个地方重新开始。

故事中的袁佳无疑是能力过众的人，可是他在处理人际关系上可是差生。不懂得照顾别人的感受，只知道一味地展示自己的能力，虽然满足了自己内心的展示欲，但是由于他的强势，伤害了同事们的内心，让别人感觉受到了羞辱。所以，即便是才华横溢，也不要到处炫耀，过度地张扬会让别人觉得这个人爱逞强、爱表现，适当地收敛、卖卖“傻”，学会遮掩自己的光芒，给别人一些展示自己的空间。不要在本属于他人绽放个人能力的舞台上卖弄自己的才华，任何人都没有权利去剥夺别人崭露头角的机会。那么，该如何恰当地遮盖自己的光芒呢？

1. 适当向弱者请教

如果你是人群中最优秀的那个人，一开始显得太过出头很难融入集体，这样是很不利于接下来的工作和学习的。示弱是帮助你融入集体的很重要的方法，这样一来，大家会觉得你是有血有肉的同类，才不会被大家排挤。所以，适当地犯一些错误不仅不会显得你无知，反而在你向朋友和同事请教的过程中，很好地隐藏了自己，而且让他们收获了为人师的喜悦，可谓两全其美。

2. 莫轻易高谈阔论

生活中，会有一些人总是觉得自己多么了不起，尤其在人多的时候，生怕别人不知道自己的厉害，喜欢变着法子吹嘘自己，博人眼球。可是，这种行为很容易引起周围人的心里不平衡。人都是爱比较的，尤其是喜欢和身边的人比较，当这些人吹嘘自己的时候，免不了有些心窄的人，会对号入座，比对自己的劣势。巨大的反差之下，有些人会觉得吹嘘的人是在讽刺自己，变相地羞辱自己，之后他便会想法子报复回来。所以，不要轻易高谈阔论，也许说者无意，听者有心，避免给自己带来不必要的麻烦。

3. 机会适当让他人

我们都知道，机遇与挑战并存，也是证明自己的最好途径。那么人人都知道通过机遇来证明自己是最直接有效的方法，每个人都需要机遇。这个时候，即便自己再优秀，明确知道自己一定会把事情做好，也要适当地把机会让给别人，给别人一些展示自我、证明自己的机会。要知道在职场中，能力与交际并存才能立足，所以机会能够展示自己的能力，而让出机会就是交际的能力。适当地让出机会，遮盖自己的光芒，更有利于得到集体的认可。

4. 得意时莫谈自己

一个人取得成就的时候，固然是激动的、兴奋的，而且迫切想要更多的人知道，这样自己就会更加自豪。但是，并不是所有人都能同步处于得意之势，免不了就会碰上失意中的朋友，你的得意和他的失意形成鲜明的对比，给他本就脆弱，已经受伤的心再一次打击，别人难免会觉得自己受到了嘲笑，也许就会因此以你为敌，虽然你本无嘲讽之意。

谦虚乃大前提

法国启蒙思想家孟德斯鸠曾说：“谦虚是人最宝贵的品质，也是最不可或缺的品质。”确实如此，谦虚表现了一个人是否有涵养和修为。我们不难发现，真正强大的人通常很谦虚，无须通过炫耀来证明自己，人群中最扎眼的，往往是那些咋咋呼呼表现自己的浅薄之人。人们常说：“一瓶子不满，半瓶子晃荡。”这句话放到日常生活中是很能反映实际问题的。

三十年前，博士还很少，一个研究所这年就招了一个博士，这也是研究所的第一个博士研究员。

一个周末的傍晚，博士到池塘边，想要钓会儿鱼来缓解一周工作的劳累。正巧，研究所的正副所长这天也相约在池塘边钓鱼，他们看到所里的博士过来，就主动打招呼。可是，这位博士觉得自己的学历比正副所长都要高，他们只是本科生，自己没有必要跟他们多说话，于是点了点头就自己找地方坐下来钓鱼。

没一会儿，正所长站起来左右活动了下筋骨，突然走过湖面去洗手间了。博士看到眼前发生的一切，惊讶得说不出话，正所长竟然从满是水的湖面上“水上漂”过去了。过了一会儿，正所长又从水面上轻飘飘地走了回来。博士十分好奇，刚要起身去请教一番的时候，突然觉得自己堂堂一个博士怎么能像本科生请教呢，那不是丢了自己的面子吗?

说来也巧，这时博士突然内急，想要去湖对面的洗手间，抬头望了望周边的围墙，如果从围墙外面绕的话，至少要走二十分钟才能走个来回。可是，就这样去向所长他们请教的话，太丢面子了。

博士在自己的小马扎上左右为难了一会儿，实在憋不住，他转念一想，所长也是常人，既然他能从水面上走过去，那我自己也可以。想罢，便抬脚迈进了水塘，可是和所长的“水上漂”不同，博士“扑通”掉到了水里。所长也被这个小伙子吓到了，赶忙搭手把他从水里拉了上来。所长边帮博士擦拭身上的水，一边问道:

“小伙子，怎么无缘无故往水里跳呢？”博士委屈地看着所长说：“我看到你们走过去都没事啊，我怎么就掉了下去。”

两位所长听了博士的话，相视大笑起来，正所长说：“你这个傻孩子啊，哪有人会‘水上漂’的本事啊，这水里啊有两排木头桩子，这两天下大雨给盖上了，但是我们经常过来都知道桩子的位置，踩着就过去了。你头回过来，当然不知道这回事。你问问我们就好了啊，怎么这么莽撞，弄了自己一个落汤鸡。”

听所长这么说完，博士的脸红到了脖子根，低下头默不作声，心里不断地谴责自己的愚蠢。

故事中的博士就是一个仗着自己学历高而目中无人的典型，其实这就是他不谦虚的表现，完全无视学历稍逊于自己的所长，最终因为自己的无知而自讨苦吃。所以，我们说谦虚是做人的大前提。在生活中，做到谦虚，有以下几点建议。

1. 时常请教身边人

倘若你真的是一个智慧过人、能力出众的优秀人才，那么到每一个集体都不会立即融入，要主动向别人请教，才能得到他人的帮助，别人也更愿意来团结你。这并不是告诉别人自己很差劲，没有能力，而是表明了一种态度。这样做，在别人看来，你和他是在一个平等的位置上，没有优越感，别人更愿意和自己的同类交往，这样就避免了初入集体被排挤的现象。

2. 适时要放下身价

成就确实是衡量一个人是否取得了成功最直观的评判，可是因为一些小小的成就就把自己定义为成功人士就有些言过其实。

生活中，总有些这样的人，因为自己的一点儿小成就，就开始看不起身边的人，总是一副高高在上的样子，肆意地指责周边的人，好像别人身上全是缺点，毫无可取之处。其实，不管自己成就多大，都要保持一颗谦逊的心，这样会得到更多的尊重，不会遭来怨恨和嫉妒。

3. 说话时低调为先

生活中，我们免不了会遇见一些因为取得了成就而目中无人的人，心态和从前大不相同，说话的口气也大了很多，言语间多多少少就表现出轻视和嘲笑，最常见的就是那些升职后，反而不受大家喜欢了的人。其实，与人交往，拉近心里的距离才更重要，而谦虚的态度很有利于让人在心底里佩服，虽然没有权威的架子，却有权威的分量。

装糊涂好伪装

“看破不说破”是生活中很普遍的一种现象。有些事，其实大家都明白怎么回事，但是没有人去主动说破，这就是人际交往中的一种不言说的规则。大家并不是傻，看不出事情的本质，而是聪明，“装糊涂”只是在保护自己，也就是揣着明白装糊涂。这个时候，如果有人自作聪明把这件事说明白，也许会踩到别人的雷区触动了别人的伤痛之处，或者是引火烧身。对于这些事，“出头鸟”是很容易被攻击的，还有可能受到群体的指责。所以，在与人交往时，适当地装糊涂，能很好地保护自己。

汉宣帝时期，龚遂是一位深得汉宣帝信赖的大臣，经常帮皇帝解决一些棘手的问题，因为有着超强的办事能力而颇受重用。

渤海地区几年来一直受到灾害，颗粒无收，民不聊生，百姓实在是难以生活，纷纷聚众造反，当地官员几度镇压都无济于事，叛乱愈演愈烈，到了难以控制的地步。此事在朝廷之上多次商议，汉宣帝深思熟虑后派出了古稀之年的龚遂前去渤海任太守一职，平定叛乱。

龚遂上任太守后，找到了连年灾害的缘由，向皇帝请命减免了当地百姓的地租和税收，还不断出台相关的扶助政策，安抚百姓。其实，老百姓比君王和官员更期盼自己能过安稳日子，便纷纷放下武器，走上田间地头，过起稳稳当当的小日子。对于一些实在顽固的叛乱分子，龚遂多次亲自上门劝解，动之以情，晓之以理，几年后，渤海地区百姓安居乐业，生活逐渐富裕起来。

皇帝得到反馈说渤海的叛乱彻底平定了，便一纸诏书要求龚遂官复原职，回朝任职。王先生是龚遂的属吏，学问颇高，满腹经纶，他听到龚遂要回长安的消息后，便主动请缨要随主公一同前去，龚遂也答应了这个请求。

抵达长安后，皇帝没有立刻召见龚遂，他便和王先生一起在府中过着安逸舒适的生活。一天，皇帝召见的圣旨送到了府中，王先生便前去问龚遂说：“皇帝此次召见肯定要问你渤海叛乱平定一事，你要怎么说呢？”

龚遂端起茶杯，皱着眉头想了想说：“臣子用人贤良，属下各尽其能，安排得当，奖罚分明，严格执法，才使叛乱平息。”

王先生听龚遂这么说，把他手中的茶盏放下，连忙说：“不可，这样说全是自己的功劳了，皇帝是何等人才，天之骄子，你显得比他还有能力，会让他不高兴的，迁怒于你可就麻烦了。你最好这么说，微臣的功劳不足挂齿，主要是天子的威武感化了当地的暴民。”

上朝的时候，皇帝果然问起渤海平乱一事，龚遂按照王先生教自己的话一一作答，果然汉宣帝眉开眼笑，龚遂越发受到皇帝的重用。

故事中的王先生就是一个善于说话办事的人，知道怎么用语言去调解人际关系，教龚遂装糊涂一事尤其表明了“装傻”的重要性，把功劳归功于皇帝，不仅保全了自己，汉宣帝也会了解到龚遂其实很有作为，再度委以重任。其实，这就是职场的写照，在关键时候，适当地装糊涂，不要抢风头，把功劳多往领导身上放，这就是更好地保护自己，也是为了自己的未来铺路。那么，如何才能更好地装糊涂呢?

1. 及时向别人示弱

人都有虚荣心，不想承认技不如人。所以，在自己取得成绩受到嘉奖和表扬之后，要及时地示弱，展示自己不如人的一面，给别人以自豪感，让他人觉得有优于自己的地方，这样不仅不会埋没你的才华和优秀，反而通过这种揣着明白装糊涂的方法消除了别人的敌意，也就给自己避免了很多不必要的麻烦。

2. 要与人分享荣耀

当我们取得成就时，身旁的人都会为我们感到高兴，纷纷祝贺，也想要沾些喜气。这个时候，要记住向你表示真诚祝福的人，要善意地与他们分享自己的喜悦，这样不仅不会树敌，还会为自己将来的事业发展找到更多合作伙伴，之后可能还会受到他们的帮助。比方说，庆功宴就是一个很好地表达感谢的场合，在庆功宴上对他们表示感谢，他们也会觉得你很随和、很谦虚，更愿意在之后的工作中给予你帮助，因为大家会认为你是一个知恩图报的人。

3. 要适当保持低调

取得成就的喜悦是很难隐藏的，无论是谁取得成就的一瞬间。都迫不及待要与身边的人分享这份喜悦。这本没有什么错，可是难免会让一些人觉得你是在炫耀自己，尤其引起能力与你相当的人的不满，就容易树敌。但其实，无论工作还是学习，团队合作的力量比单枪匹马更有力，我们在工作中不免就需要同事们的帮助。所以，取得成就之后，不妨低调些，当别人主动提及时，也不要大张旗鼓地展开去讲，表示感谢，一带而过就好，避免刺激别人的情绪，造成误会。

会说话，会办事

《红楼梦》有言：“世事洞明皆学问，人情练达即文章。”人在社会中发展，就不可能离开做人、说话、办事。这是人在社会中必须参与的三个环节，能够做到：会做人、会说话、会办事这三点的人，必定能够在人际圈吃得开，进而立足于社会，这是一门“学问”。如果稍微留心，我们都会发现，会说话的人办事好像总是比别人更容易些，而且总能做到事半功倍的效果，相比之下，不善言辞的人做事就很容易碰壁。正所谓：“一句话能成事，一句话能坏事。”说的就是这个道理。

老李和老孙邻居多年，还是一个单位的老同事，退休后经常在一起下下棋、钓钓鱼，安享晚年时光。老孙平日里爱说玩笑话，几天没见面，见面就是一句：“还活着呢？”老李对这个几十年的好朋友，也不计较，接住话茬儿就说：“我不得先给你送花圈吗？”随后，两个人便哈哈大笑，一起做别的事去了。

人岁数大了，难免身体会有一些小问题，老李这段时间就生病住院了，正巧，老孙这个时候有些事想要找老李帮忙，边想着趁去探病的工夫提提这事儿。

这天，老孙提着水果和营养品来到医院，一见面还是像往常一样拿话逗老李：“还活着呢？”老李本身住在医院看病就心情不好，听到这句话，一下子把老孙刚放下的水果扔了出去，大喊一声：“滚！”老孙不知道好朋友这是怎么回事，但看老李脸色这么差就匆忙离开了。后来，老孙还是向老李提出帮忙的事，老李想都没想就拒绝了。

故事里的老孙其实就是不会说话的反面教材，他去看望生病的朋友，没有揣摩病人的心思，还是和平常一样嘻嘻哈哈，殊不知病人的心理压力很大，尤其对“生死”这样的话题很敏感，这个时候在病人面前提“死”就有失分寸。虽然，老孙也是想要逗病中的好友开心，可是用错了语言，就这样闹了矛盾，两人的友情也大不如前。但是，历史上著名的军事家拿破仑就是一个会说话的典范。

征服意大利时，一天晚上，拿破仑亲自巡岗查哨，却发现一名哨兵在树根处睡觉。他看着眼前疲惫的战士，想了想数十日不断的战役，没有唤醒哨兵，而是拿着枪替哨兵站岗，直到哨兵醒来。醒来后的哨兵看见眼前的司令，不禁惊讶地再三擦拭双眼，当拿破仑的手搭在哨兵的肩头时，他才意识到最高司令官替自己站了这么久的岗，便开始恐慌，满脑子都是绝望的声音。谁知，拿破仑和颜悦色地说：“朋友，拿好你的枪，最近作战辛苦了，休息一会儿也是应该的。可是，战争眼看到了决胜关头，我们可不能掉以轻心啊，我这会儿还不困，替你站了一会儿岗，现在该你了，以后要多加小心啊！”

不得不承认，拿破仑此事处理得很圆滑，没有对哨兵厉声批评，反而表达了理解，不仅避免了和这个哨兵的直面冲突，也给了长期作战、身心俱疲的战士们心理上的慰藉，无形中就提高了战队的战斗力，一句话就能起到这么大的作用。

会说话其实就是要会用恰当的方式来表达，要说得好、说得精、说得巧。说得好，就是说出对方真正想听的话，不一定是赞美的语言，但是重点说到人心坎里，这样才会产生共鸣；说得精，就是要言简意赅，不冗繁，不啰唆，不赘言；说得巧，就是指话要说到点子上，言之有理，一语中的，不说那些与主题无关的话。

“良言一句三冬暖”说的就是一句话能够带来的巨大作用，会说话的人不仅能够明确表达自己的意思，还能用道理来支撑自己，清楚、明白、悦耳的言语更容易让听者接受。会说话的人说出来的话通常被称为是金玉良言，人们都欣赏这些绝妙词语，就连豪言壮语听起来也让人备受鼓舞。而不会说话的人，就容易因为自己的吞吞吐吐、词不达意造成误会，这对双方沟通感情是大不利的。

那么，如何才能做一个会说话的人，能够达到事半功倍的效果呢?

1. 言辞间饱含感情

没有感情的话，即便都是溢美之词，也难以被人听到心里，总是像没有生命的塑料假花，远没有鲜花沁人心脾的花香给人印象深刻。而富有感情的话，就好比是飘香四溢的鲜花，鲜活动人，直击听者心灵。

2. 词语出口表真诚

人更容易相信和亲近说话是真诚的人，冠冕堂皇、华而不实的话就会让人觉得表达是虚情假意的，自然难以让人亲近。因此，无论交谈者双方是什么身份，怎么样的处境，只要是坦率、真诚地交流，往往能够感动人心。

3. 换位思考再言语

在与人交谈时，能够将心比心，多从对方的角度出发去考虑问题，这样不仅容易引起交谈者的共鸣，也会塑造一个善解人意、具有亲和力的形象。比如，对方已经遭遇了某种不幸，这个时候换位思考，他一定希望得到别人的理解和安慰，这时候就要真诚地抚慰受伤的人，不能事不关己，高高挂起，日后如果需要此人的帮助或者理解，才会更加容易。

总之，真正会说话的人，言语间都是饱含情感的，不是冷冰冰的文字，动之以情，晓之以理，才更容易被人理解和接受，从而进一步达到自己的目的。

开玩笑有分寸

玩笑会给日常聊天儿增添很多色彩，可以缓解气氛，调节紧张感，感情也会在轻松越快的氛围中增进，所以诙谐幽默的人通常受到大家的喜爱。但是，我们要明白的一点就是，开玩笑是很讲究分寸的，如果分寸没有把握好，不仅破坏了气氛，还有可能会伤害感情。

晋孝武帝司马曜在位期间，发生了“淝水之战”，这是军事史上的奇迹之战。毫无疑问，这是一名有勇有谋的皇帝，但是他也是一个享乐主义者。司马曜平生有两大爱好，喝酒和开玩笑。这是个嗜酒如命的皇帝，经常在内殿饮酒作乐，终日头脑昏昏沉沉，很少有人进谏成功。司马曜在后宫的妃子中，独宠一个张贵人，张贵人恃宠而骄，后宫没有人不害怕她的。

396 年 9 月 20 日，司马曜和嫔妃们一起宴饮。张贵人在司马曜身边陪着他饮了好多酒，不胜酒力之时，便婉拒，司马曜一脸不悦地说：“你这个人，当时看你美艳过人，封了妃，现在年过30，姿色不再，罢黜吧。”司马曜只当这是一句玩笑话，说完后就让张贵人去休息，继续和其他妃子饮酒作乐。可是这句话却给张贵人带来了巨大的打击，她以为自己真的容颜已去，遭受嫌弃，在寝宫内又怨又气，发了好一顿脾气，然后又生杀心。便让侍女为自己梳洗打扮，来到司马曜的寝殿，见他已经醉酒熟睡，便用被子和重物活活把司马曜闷死了。这就是《晋书卷十一》中记载的“为张贵人所弑”。《晋书卷九》也有记载“时张贵人有宠，年几三十，帝戏之约：‘汝以当年废矣。’贵人潜怒，向夕，帝醉，遂暴崩。”司马曜死后，谥号孝武帝，庙号烈宗。

我们在现在的生活中，基本不会因为一个玩笑就丧命，但是如果开了不适宜的玩笑，肯定会给自己带来麻烦和不必要的误会。

开玩笑原本的出发点都是好的，为了调节谈话的氛围，也不失为一种可以学习的方式技巧，但是如果不注意分寸，随意开玩笑，将被开玩笑的对象推入尴尬之地，就不可取了。比如，对于成绩不好的同学，我们不能拿他的成绩开玩笑；对于生意失败的同学，不能开他亏本的玩笑；更不能拿朋友的隐私开玩笑。这些原本需要我们用同情心对待的事件，如果被拿来开玩笑，就会显得很刻薄。

开玩笑还有一个雷区，就是人的生理不足或者缺陷。这本身已经是他人的难堪之事，如果作为别人的谈资，不免会引起他人的不满和仇恨。

生活中，每个人都有自己的性格、脾气和爱好，开玩笑一定要因人而异，也要区分长幼、地位等。长者开幼者的玩笑，要不失庄严；幼者开长者的玩笑，要以尊重为前提。而且，要注意男女的区别，有些玩笑可以跟男士开，但是千万不能在女士面前说。通常，男士对于玩笑的接受程度要高于女性，所以，有女士的时候，开玩笑更要注意女士的感受，不要让人难堪。

开玩笑前要好好考虑，在对方和自己的关系中找到一个适当开玩笑的平衡点，了解对方对于自己的玩笑的接受程度，千万不要出口不逊，弄巧成拙。

简而言之，玩笑是一把双刃剑。适当的玩笑话，的确可以增进彼此间的感情，但是，有一些问题一定要注意。

1. 开玩笑要分层次

开玩笑一定要视自己与对方的关系远近而决定尺度，如果是亲密的人，就可以更加随意一点儿。可是，对于关系一般的人，一定要慎重行事，开玩笑调节气氛的关键在于彼此的节奏相同，如果自己想要表达的点不是对方所理解的那样，那么不仅不会调节气氛，还会引起误会。

2. 开玩笑要以善意为先

开玩笑并不能和取笑画等号，更不能捉弄别人、恶作剧，因为这样无形中就会给人造成伤害，严重的还会留下很深的心理阴影。

3. 依据性格开玩笑

对于同样喜欢开玩笑的人，那么适度的玩笑就是调节剂。可是，对于事事较真儿、不苟言笑的人，最好不要开玩笑，会让他觉得你是个不务正业、不靠谱儿的人。

4. 开玩笑要注意时机

当大家在轻松愉快的氛围下聊天儿做事的时候，适度的玩笑确实会给彼此的心做一个按摩，使彼此的心灵更加放松。可是，如果这个时候大家很紧张地忙碌于一件重要的事，或者心情郁闷，在这样紧张的气氛下，玩笑万不可开。

5. 开玩笑要区分职业

不同的职业接触的事务不同，所熟知的领域也不同，所以开玩笑不要跨领域，这样不仅对方无法理解你要表达的信息，还会觉得自己被冒犯了。举个例子，医学院里大家提着假肢和内脏模型到处走都显得很平常，可是如果这个场景出现在法学院就很恐怖了。

以上几个要点，会帮助我们把握好玩笑的尺度和分寸，适度的玩笑才会增加交谈双方的感情。

炫耀终遭嘲笑

通常，那些不停炫耀自己的成就和能力的人，希望通过自己的炫耀，告诉别人，自己很了不起，企图大家会因为羡慕他而靠近他，和他成为朋友。可是，在明眼人眼里，这些人的做法是很低级的小聪明，反而会更容易被人发现自己的虚弱和无能。倘若一个人真的有本事，成就颇丰，无须自己的炫耀，口口相传，自然人人知晓。所以，到处炫耀自己的人肯定不是真正的成功，而且是可怜、可悲的无能之人，用炫耀换来的最终是别人的嘲笑和不耻。

王木生在生意场上摸爬滚打了几年，生意是越做越大，交际圈自然也越来越广，经常和一群朋友一起聚会聊天儿，沟通感情，交流信息，而且，这也是一个生意人的发展事业不可或缺的部分。

国庆长假期间，王木生邀请了一些朋友来家中聚餐，其中就有一个名叫陈农山的朋友。陈农山最近发了一笔紧俏的小财，一直沉浸在喜悦中，见人就说自己赚了多少钱，到处炫耀自己的本事有多大。其实，跟朋友分享自己的喜悦本身没有什么错，可是像他这种逢人就提的行为就会招人烦。王木生担心他在聚会上乱说，毕竟来的都是自己的朋友，他怕陈农山乱讲话影响自己在朋友心中的形象，便特意嘱咐陈农山不要提这件事，低调行事。

聚会当天，气氛很好，大家推杯换盏，趁着月色还跟着舞曲跳起了舞。酒过三巡，陈农山把王木生的嘱咐全抛在了九霄云外，便又开始高谈自己这一笔生意做得有多成功，开始大肆炫耀起来。

生意场上，盈亏都是常事。不巧席间有个叫范伟明的朋友，近期在生意上赔了一大笔钱，本身想借着聚会缓解下郁闷的心情，可是陈农山的话让他更加不自在了，有如坐针毡之感，便起身一会儿去看看别人跳舞，一会儿去洗手间抽烟。王木生看见这种情况，不住地递眼色给陈农山，可是陈已经完全陶醉在自己的成功中，根本察觉不到有什么不对。

范伟明几次回来桌旁，发现陈农山还在滔滔不绝地讲述自己的成功经验，他实在不想在这里受刺激，便找借口匆匆离开了，临走前，他狠狠瞪了陈农山一眼。

风水轮流转。不久，陈农山的一笔生意一下子赔了好多钱，而这笔钱就是赔给了当时在聚会上无意中刺激到的范伟明。其实，这就是范伟明设下的圈套，就是因为聚会上被陈农山狠狠地刺激到了，于是便决意要让他也尝尝失败的滋味。

故事中的陈农山因为一次小小的成功，就不停地向朋友们炫耀，然而说者无心听者有意，本来单纯的炫耀在范伟明看来就是针对自己的讥讽，于是设下圈套给陈农山一个教训。所以，到处炫耀自己的成功真是很愚蠢的行为，无意中就给自己树敌，带来了原本不必要的麻烦。

那么，当我们取得成功时，该如何淡然处之呢？

1. 积淀自己要沉稳

通常来讲，喜欢到处炫耀成就的人，一般性情很急躁，做事欠缺成熟度，心里藏不住事。真正成熟的人，通常不会四处显摆，因为他们清楚这样做会给自己带来不必要的麻烦。所以，不妨从平时做起，培养自己沉稳、成熟的性格，这样面对成功的时候，就不会像那些急躁之人四处炫耀遭人嫉妒甚至惹上麻烦。

2. 对待输赢要淡定

输赢乃兵家常事。现代社会，输赢已经不局限于打仗了，我们每天面临的选择很多，稍有不慎，可能就会遭遇失败，有些人失败后就会垂头丧气，一蹶不振，而赢了的话就到处炫耀。其实，这两种做法都是不可取的，输赢对于一个人来说固然重要，但是这只是生活中每天都可能会面临的常态，而且一时的失败和成功也不能代表最终的成败。所以，不妨把输赢看淡，努力为了下一阶段的比赛去努力，享受当下的每一分每一秒，活出生命的意义。

3. 戒骄戒躁要谦虚

那些在大庭广众之下炫耀自己的人，通常是骄傲自满的人，这样确实能在很大程度上满足他们的虚荣心。殊不知，炫耀自己的同时，就把自己亲手推到了风口浪尖。每一个人都在看着这个人表演，现在别人在意的是这个人的成功，当他失败的时候，也会马上变成焦点。骄傲自满的人很容易在取得成就后消极怠工，消减了对工作的热情，差错就会频繁出现，失败也就不足为奇。

4. 不断努力变强大

不要因为一时的成就就感到满足，要趁着自己的士气正足，继续努力，争取再度勇攀高峰，取得更大的胜利和成功。这样，就不会有时间沉溺于自满，也不会意志消沉，自然而然也就没有精力和时间去炫耀了。

识时务，勇退让

我们在日常生活中，经常会见到一些取得一定成就后，就欲望无度地迫切追求更大的成功的人。可是，人生很难一帆风顺，跌宕起伏是常事，当处于人生的高峰时，要学会及时调整自己。因为这个时候的状态其实很不稳定，不妨先退出风光的舞台，积淀自己，用能力稳固自己现阶段的成就，将风口的山顶变成稳定的平台，再做努力，才更有把握取得更大的成就。否则，在山顶上急于起跳，往往容易跃进低谷，也许还会有更加严重的后果。所以，先见之明在人生的发展中显得尤为重要，能够预见未来的潜在危险，在适当时候选择急流勇退，不失为明智之举。

春秋时期，吴国和越国是两个小国家，双方实力势均力敌，不断争斗，此消彼长。后来，吴国经过不断的发展变得强大起来，吴王打败了越王勾践，勾践被迫称臣，当时越国的名将范蠡跟随勾践一起到吴国成了俘虏。勾践在吴国装疯卖傻后获得了吴王的信任，领命回到了越国。归国后，勾践总结失败的原因，在范蠡的辅佐下，大力发展生产，提升国力，最后一举消灭了吴国，独霸南方。从此，勾践威名大震，周天子还赐封其为东方诸侯的领袖。翻身后的勾践在宫中大摆宴席庆贺，范蠡看着眼前的君王，觉得君王有别的心思，便连夜辞官离开了。勾践知晓后大怒，急忙派军队前去追赶，可是，范蠡早已走远了。

第二天，范蠡写给好友文种的信到了文种手中，文种对信中范蠡劝自己逃命的言语不以为然，还笑话这个范蠡心思太多，总爱胡思乱想。

没过多久，范蠡的语言就应验了，勾践对当时的功臣一一下手了。文种才明白信中话并非戏言，然而为时已晚，就在他准备逃跑的时候，勾践来到他的府中，一番讥讽之后，赐其佩剑让他自刎。

范蠡移居齐国，抹掉了原来的痕迹，带着儿子经商，凭借过人的聪明才智成了富甲一方的富商。勾践一事让范蠡深深认识到，荣耀太久就是祸害的根源，便将自己的财产赠予他人，离开齐国，开始新的生活。

故事中的范蠡辅佐勾践翻身为王，但是自己却很识时务地急流勇退，不仅保住了自己的性命，还有安稳的晚年生活。文种却没有好友般睿智，最终死于君王剑下。“鸟尽弓藏，兔死狗烹”，功成名就之后，不要在人前炫耀，而要迅速地隐退，这样才不会成为别人的眼中钉，肉中刺。那么，急流勇退后要如何呢?

1. 要懂得知足常乐

我们常常用跌宕起伏的山峰来比喻人的一生。确实如此，攀爬至顶峰已实属不易，站稳峰顶就更非易事，稍有不慎就会跌入谷底，不要成为无穷无尽的欲望的俘虏，否则会因为自己的欲望而付出惨痛的代价。

2. 莫恋一己之功劳

有一些人，取得成就之后，迟迟不愿意从喜悦中走出，因为自己为这来之不易的成功付出了很多心血，不舍得就这样一笑而过。其实，在当今社会中，很多的成就都是经过大家的配合一起取得的，成功也是属于大家的，所以，当成功来临的时候，欣然接受它，这就是对自己的艰辛付出最好的回报和慰藉，然后用饱满的、全新的热情投入到新的工作中。

汪华和杨姗姗是公司的两名业务员，两人虽然都是公司的新员工，但是汪华是从其他地方跳槽来的，而杨姗姗则是刚刚毕业的大学生，对于这一行还有很多东西不明白，刚开始的时候，甚至不知道通过什么途径寻找客户。

刚开始汪华也很慷慨地帮助杨姗姗，经常带着杨姗姗一起跑业务，从联系客户、谈判到签订合同、收款，所有的工序汪华都带着杨姗姗一起做。而且还告诉她每个阶段应该注意什么，拜访客户的时候要怎么讲话，有争议的时候要怎么解释，谈判的时候要怎么做才能更快让客户下单，签合同的时候要注意哪些方面，收款的时候要怎么和公司对接等，可谓事无巨细。

在汪华的帮助下，刚入职的杨姗姗就超额完成了工作量，成了备受瞩目的新人，而且总经理还特意书面表彰了她，超额奖金也很丰厚。汪华虽然因为帮助杨姗姗自己的业务受到了影响，还被扣了奖金，但是看到自己的徒弟受到了器重，自己也得到了很大的慰藉，而且之后就可以更多地关注自己的业务了。

这月之后，汪华把精力全部放在自己的工作上，每天都不停地跑业务，付出总是有收获的。汪华几个月来一直是公司业绩排名前三的员工，不仅涨了工资，而且积累了大量稳定的优质客户。

杨姗姗的业务却没有那么顺利了，几个月来一直在下滑。汪华本以为首月的业绩已经说明她成长了，可是现在看来还要差很多，便主动去问杨姗姗需不需要帮忙。可是，杨姗姗非但不领情，还阴阳怪气地说："我可是头月就领奖金，受总经理表彰的人，公司上下谁不知道我的能力，还用你的帮忙吗？"

杨姗姗这番话倒是把汪华逗笑了，没想到自己竟然教出来一个白眼儿狼，可笑之余也有些生气。转念一想，毕竟是个年轻人，能帮的地方帮一把，就当是图个心里安生了。

故事中的杨姗姗是个业务新手，在汪华的帮助下不仅超额完成了任务，还得到了公司领导的嘉奖。本来汪华以为她能够独当一面，便放手让她自己去跑业务，可是没想到她的业绩几度下滑，而且在汪华主动提出帮助的时候，还被杨姗姗拒绝了，虽然汪华对眼前这个小妹妹有些生气，但还是像往常那样帮助她。其实，宽容别人就是在宽容我们自己，放下得失也能活得更加轻松自如。因为，不与他人计较会给自己带来很多益处：

1. 眼前路越走越宽

退一步海阔天空。有些时候，确实有些难以理解的人出现，或者是一些难以释怀的事，这时候不妨想开、看开，不为眼前的悲伤所困，我们脚下的路也会越走越宽。不能否认的是，有些时候，路是我们自己走死的，为别人让路之后，自己的路也会变得宽阔。

2. 避免为己带麻烦

我们在生活中，很容易会遇到一些不讲理的人，说话做事带有很强的攻击性。这时候，千万不能和他们过多纠缠，好汉不吃眼前亏，尤其是出门在外，保护好自己才是最重要的。对于这些无理取闹，故意找碴儿的人，最好的处理方式就是不理睬，压根儿不给他们伤害我们的机会和借口，这些人自然也就没有什么兴趣了。宽容他人，就是免去了自己那些不必要的麻烦。

3. 宽容他人宽容己

事情过去了，就没有必要一直心心念着当时发生的一些事，对别人说过的一些话耿耿于怀，怀恨在心，自己心里总是沉甸甸的，食不香寝不安，完全没有必要这么做。倒不如和时间一起将那些往日的仇恨都淡忘，让自己原谅他人，宽容他人，其实也放过了自己，只有这样，才能更好地开始新的生活。

4. 宽容他人是美德

宽容二字说来容易，但是真正能够做到宽容的人并不多。尤其是面对大是大非时，很难放下心里的恩怨，去宽容那些曾经给自己带来伤害的人。宽容是一种很难得的美德，宽容他人可以让我们获得尊重。宽容他人的同时，也是一个很好的自我反思的过程，我们人格也会变得更加完美。

对手体现价值

有这么一句话："一个人的对手显示了这个人的实力。"事业上的对手就像我们的镜子一般，我们可以将自己看得更清楚，对手也是别人来衡量我们能力的重要标尺，因为只有实力相匹敌的人才能成为对手。能力比我们强的不屑于与我们竞争，能力比我们弱的不敢与我们竞争，竞争通常存在与实力相当的双方，对手的能力直接体现了我们的价值。

刘山田在一所中学当体育老师，从小热爱乒乓球的他曾经还得到过退役乒乓球运动员的指点。他个人也热衷于参加比赛，多年来斩获了无数奖牌，在熟悉的领域内几乎已经没有对手，尤其是近几年，更是包揽了市乒乓球比赛大大小小的冠军奖牌，没有人将他从冠军宝座上比下来过。

而且，市乒协还为他有个特制的规定，刘山田不需要参加预选赛，而直接进入前三名的决赛中。能够跟刘山田打一次球成为了市乒乓球界引以为傲的事，跟他交手的基本也就是市里数一数二的高手了。

很多人在训练乒乓球时，就把刘山田作为自己的目标进行训练，希望有朝一日能够打败刘山田。大家也都说，如果要是能打败刘山田，那别人自然知道这个人乒乓球打得有多厉害。

其实，刘山田自己也知道，有些选手的实力其实也很强，但是就因为打不过自己，所以长期以来一直只能名列第二、第三。

有一个叫李光华的年轻人一直备受关注。刘山田也了解他的情况，这个个子不高的青年在一家餐馆打工，家庭情况不是很好，一家人主要靠他微薄的收入生活。李光华念书的时候成绩很好，只是迫于生计，只好辍学回家，承担起了养家的重任。

爱好乒乓球运动的李光华年年参赛，而且每次都杀进前三名。刘山田很心疼这个小伙子，就想让他赢自己一次，这样他的生活就可以不用那么辛苦了。可是，赛制之下，刘山田不能让他，运动精神就是：公平、公正、公开。

这让刘山田犯了难，他很想帮助这个年轻人，可是又不能违背比赛的规则。思来想去，刘山田决定把李光华收为徒弟，这样一来，首先把李光华的名气往上抬了抬，如果在比赛时，李光华可以赢自己，就是青出于蓝而胜于蓝；如果李光华输了，毕竟是徒弟，也不会有什么流言蜚语。关键是，这样一来，李光华就可以进入市乒乓球队，成为一名运动员了。事情就如刘山田所希望的那样，李光华进入了市乒乓球队。

故事中的刘山田，从小就很热爱乒乓球运动，而且还受到过专业的指点，多年来独占鳌头。一位颇有天赋的年轻人吸引了他的注意，他用自己的方式帮助这个年轻人实现了自己的梦想，也改变了他的生活状况。对于李光华来说，这就是他利用对手体现自己价值的表现，最终实现了自己的梦想。

1. 要学会尊重对手

通常来说，我们会把对手看成是敌人，很少有人会去真正尊重对手，有些人甚至会为了打倒对手而不择手段，无所不用其极。其实，尊重对手也是在尊重自己，用最正当的手段与对手匹敌，也是对自己能力的最大尊重。

2. 时常向对手学习

能和你平起平坐，在同一个水平上竞技的对手，也有他的过人之处。对于对手我们要尊重，要向对待朋友一样，取其所长补己所短，这样，自己就会越来越强大，对手的实力也会逐渐增强。

3. 努力去超越对手

和对手之间的竞争就是前后不断地超越，很少出现两人始终肩并肩的情况。每个人都想尽办法超越对手，人和人都是一样的。如果你遇到的对手安于现状，不思进取，那么这样的对手已经不配和你竞争，你要更加努力早日把他远远甩在身后，寻找更强劲的对手来证明自己的实力。

3. 最大的对手是自己

每个人最大的对手是自己，战胜自己才是最难的。战胜自己的缺点和劣势，不断地改正，完善自己，才会越来越强大，能力也才会越来越强。所以，在工作和学习中，要想超越别人，就要虚心地学习别人的长处，克服自己的缺点，力求超越自己，不断地战胜自我。

其实，世界上朋友和敌人是没有绝对的界限。所谓朋友，是因为彼此有着相似的价值观，立场几乎一致，就好比是同一战壕里的战友，说白了就是利益共同体；而敌人就是对面阵营的对手。我们不要对敌人有过多的排斥，敌人之所以成为敌人，就是与我们所持的观点不同而已。若能够换一个角度去思考一下，也许这些观点还能成为一面镜子，照见我们的不足之处。如此这样，我们能够化敌为友，足以使自己变得强大，自己的目标更易实现。

说一就一公司和说一不二公司是这个城市里广告业的翘楚，实力不分上下。说一就一公司的设计几乎堪称完美，尤其擅长用简单的画面来表达内涵的深意，善于抓住消费者的眼球，颇受界内好评。说一不二公司的文案则精妙绝伦，短小精悍的文案，字字珠玑，往往能够出奇制胜，短短几句话就能起到很好的效果：而且文案的收费相对图案设计稍低一些，所以，各大公司有活动的时候，都选择先来找说一不二公司。

两家公司的竞争十分激烈。说一就一公司觉得说一不二公司写几个字就能挣那么多钱，就想分一杯羹；而说一不二公司觉得说一就一公司这些设计成本并不高，但是设计费却远超自己公司的文案费，便也想要做设计。

其实，原本两个公司成立之初，是没有这么鲜明的设计优势的，文案和设计都是双向并行发展，可是在市场的选择和人员的配备下才有了不同的侧重点，一个主设计，一个主文案，时间久了，成了同行不同业的两家公司，多年来，也没有什么业务上的冲突。

说一就一公司在设计界的第一把交椅无人能动，同样说一不二公司在策划界也是稳居首位。现在两家公司奔着设计界的老大展开了激烈的竞争。就这个关头，一个外资广告公司悄然而起，业务包揽了设计和策划，显然是想要趁着两个公司竞争之时，把市场占有，自己成为老大。

然而，说一就一公司和说一不二公司一直忙着在业务上与彼此竞争，当他们意识到来自这家公司的巨大威胁时，外资公司已经把市场上 40% 的份额占领了，而且扩张的趋势只增不减。

说一就一公司和说一不二公司的老总当即决定联合迎战，联手把这个外资企业抢走的市场再抢回来。于是，两个公司强强联合，把优势进行全面整合，成了一家企业。多年来，两家公司在当地树立了很好的企业形象，口碑一向很好，两家公司选择合作后，可以说能够全方面满足客户的需求，之前流失的客户也都回来了，不仅如此，周边地区的客户也慕名而来。

这个城市的大客户很固定，现在都选择两家公司合作，外资公司很快就宣告破产，退出了市场。两家公司发现了合作的优势，便选择继续合作，开拓周边更大的市场。

故事中提到的说一就一公司和说一不二公司，原本各占城市广告业的半壁江山，虽然是同行，但是因为侧重点不一样，一直以来相安无事，没有恶性竞争。可是当两者选择竞争时，难免会有损对方的利益，这个时候就容易出现“鹬蚌相争，渔翁得利”的局面，如果两家公司不联手的话，很容易会被新来的外资企业陆续吞并。所以，两家公司十分清楚眼前的现状，冰释前嫌，选择联手合作，最终把外资企业击垮。由此看来，如果能够化敌为友，力量要远大于原来的单独作战。那么，化敌为友要怎样做呢？

1. 不计前嫌要宽容

既然曾为对手，那必然会有一些矛盾和恩怨。如果，双方选择携手合作，就要放下从前的恩恩怨怨，放下对方曾经做过伤害过自己的事，也要放下自己曾经对人家做过的事，把所有的精力都放在共同的合作之上，不然以前的恩恩怨怨就尤其容易成为双方合作的突破口被别人所攻破。双方选择了合作，最重要的就是彼此的信任和团结。

2. 真心接纳他之忧

我们不能否认的是，每个人都有自己的优点和长处，而我们能够选择和对手合作，也正是因为他们身上具有闪闪发光的长处，一起为了共同地更加长远的前途才选择了合作。这种情况下，就要真心汲取他人的优点，同时认清自己的缺点，扬长避短，发挥彼此的长处，共同应对外界的变化。做到强强联合，这样才会把优势力量最大化。

3. 昔日对手今时友

战友就是面对共同的敌人时，能够置生死于不顾的人，一荣俱荣，一损俱损。当我们选择和对手合作后，对手就变成我们的战友，这个时候，没有个人利益，只有共同利益，要把双方共同的事情看成是自己的事一样来做。

4. 目标一致同努力

从决定合作的那一刻起，你和原本的对手就确定了共同的目标，你们应该向着共同的目标一起努力，才能建立更加长久、稳定的合作关系。人总是自私的，这是人性所在，无可厚非，既然确定了合作，就要荣辱与共，彼此约束，然后为了目标奋勇向前。

对手激发潜能

很多人在讲述自己成功的经验时，都会提到曾经与自己博弈的对手。在一定程度上，不仅对手对他们的事业发展有鞭策作用，我们也应该为有一个旗鼓相当的对手而感到庆幸。好的对手其实更像是一面镜子，能够清楚地知晓自己的缺点和优势，有时，对手比自己还要了解自己，而这样的对手也是可怕的、有威胁的。他们好像时时刻刻都在我们的身边，观察着我们的一举一动，我们必须格外小心，尽力应对，不知不觉，激发潜能，因此我们而变得强大起来。

客如友超市和爱家超市是某城市最大的两家超市。他们经常会一起搞活动，彼此打探好对方的活动后，也会推出相同力度的活动，每次活动时，两家超市都在广场上搭台子竞争，大批的人围在这里选购商品。虽然促销活动总有个业绩的高下，但是这样大规模的宣传活动不断扩大了超市的知名度。

客如友超市推出了“消费满50元免费办会员卡”的活动来稳定客源，这在很大程度上吸引了一大批家庭主妇，会员积分制不仅能够积分还能够兑换奖品，反正日常也是要购物，有优惠为何不享用呢。

爱家超市针对客如友超市的会员活动紧急推出自己的“寻找最忠实客户”活动，活动规定凡在爱家超市购物5次以上的顾客，且单笔消费不少于50元，以后都可以以忠实顾客的身份享受超市的优惠价格。

面对如此强劲的对手，客如友超市终日不敢懈怠，商场如战场，一旦有所松懈，一不留意就会被打败，何况自己的对手很有实力。

消费者权益保护日当天，客如友超市推出的“寻找假货”活动在全城掀起热潮，消费者如果发现他们超市有假货、过期商品等，都会获得10倍于原价的赔付。这个活动的效果很好，不仅促进了消费者的购买力，而且也证明客如友超市没有假货、过期产品，消费者大可放心，可谓一箭双雕。爱家超市的老板对此举都大加赞赏，觉得自己不是这么强有力商家的对手，便退出了正面竞争。

客如友超市商品种类多，还在大型超市边上开了连锁店，并且超市内的商品相对来说档次较高，目标客户一般是高端消费者。爱家超市就把目标客户更多地向一般消费者倾斜，在小区门口开连锁店，超市的商品以物美价廉为主，而且根据不同的住宅区做调整，虽然消费者消费力不是很高，但是薄利多销，而且客户稳定，效益也很好。而且，事实确实表明，爱家超市的决定很正确，化劣势为优势，就这样争取了更多的市场份额。客如友超市也更加精益求精，致力于维护高消费顾客群体。渐渐地，两个超市成了当地两家特色鲜明的超市。

故事中提到的两家超市，原本实力相当，而且一直在市场上竞争，可谓棋逢对手。两家超市的活动一对一地不停推出，竞争十分激烈。但是，随着市场的检验和自主地调整，两家超市分别转变思路，一个致力于高端路线，而另一个则专注于平价路线，两家超市在不同的市场领域独占鳌头，颇具特色，最终发展得越来越好。由此可见，在我们事业发展的路上，对手起到了十分关键的作用，他们激发了我们的潜能，这是一个良性的促进过程。这么说是因为：

1. 时刻保持好状态

在竞争中，必须时时刻刻把自己调整到最佳状态，因为竞争无时无刻不存在着，不能给对手任何钻空子的机会。一旦有所放松或懈怠，敏锐的对手就会看出我们的破绽，紧接着就是强势攻击，如果这个时候我们的状态不好，就会很难抵挡住攻击。所以，最好的办法就是平时就保持很好的状态，这样对手才没有可乘之机，无从下手。

2. 思维要足够缜密

现代社会的竞争，无论哪个行业，到最后都会归结于智慧的较量。目光长远的人，会更全面地考虑问题，会在缜密思维的指引下做出正确的决定。处于竞争中做出的每一个决定，都有可能影响到最后的结果，尤其是对于实力差别不是很大的竞争对手，也许一方就因为自己的一个正确的决定，而获得了最终的胜利。

3. 做事要足够谨慎

不能只有好的思想理论，更要在这个指导下配合完美的行动。有些时候，想法很好，但是因为执行不够谨慎，选错了执行者或者是因为程序上的问题也会导致失败，这个时候一切都已经来不及挽回，就会输得很委屈。因此，事无巨细，想要打败对手，必须在理论上和实际行动上都要足够谨慎，才能更加有把握地赢得最终胜利。

4. 必须要超越对手

人人都想成为最终的胜利者，决定胜利的关键因素还是实力，用实力打败对手，令对手输得心服口服。所以，我们一面要小心应战，谨慎行事，另一面也要做长远打算，不断提升自己的实力，这样才不会被击垮，最后的胜利者一定是属于真正有实力的一方。

第六章 做事圆通，职业加分

胡雪岩曾说：“为人处世要以‘圆世’为主。”审时度势，圆融通达做事。这不仅是大智慧的体现，也体现着极大的胸怀。生活中，做事圆通，才能游刃有余，“通、活、融”是圆通的最佳状态。

真诚赞美对方

人的本性就是听到赞美的话会很开心，这是人内心渴望尊重的基本需要，而赞美就在很大程度上满足了他的这种需要。赞美他人就是对他人价值的肯定，被赞美的人会不由自主地与赞美自己的人亲近，这是生而为人的本性。当然，赞美一定要真诚，不能用“花言巧语”来糊弄。心理学认为：“对方心理上的亲和，其实就是认可和接受的表现，也是态度转变的开始。”所以，要想在做事过程中得到他人的帮助，要适时给予对方赞美，在心理上获得他人的亲近，这样事情才更好办。

克劳德是毕加索的小儿子，他的母亲弗朗索瓦兹·吉洛特在绘画的时候不希望受到别人的打扰。有一天，可爱的小儿子特别想让妈妈带自己出去玩，可是吉洛特这个时候正在全神贯注于自己的绘画，听到儿子敲门后只是回应了一声，就继续投入绘画创作中。过了一会儿，小儿子说：“妈妈，我爱你。”妈妈头也没抬地回：“我也爱你，宝贝儿。”门并没有打开，小儿子接着说：“妈妈，我好喜欢你的画。”这时候，吉洛特虽然很开心，但也只是表达了感谢，仍然没有打开画室的门，小儿子继续说：“妈妈，你画得太好看了。”吉洛特还是没有开门，小儿子接着说了一句：“妈妈，你比爸爸画得好多了。”这句话刚说完，吉洛特打开门，带着小儿子出去玩了。

最开始，儿子只是简单地向妈妈表示自己想要出去玩，可是妈妈不为所动，最后那句“妈妈，你比爸爸画得好多了”直接说到了妈妈的心坎儿里。毕加索是绘画艺术大师，吉洛特的画自然是比不上的，可是在自己儿子心中，妈妈画得最好，也正是这句话打动了妈妈。

赞美他人实际上是一种很有效的情感投资，而且只需要动动嘴皮子，就会得到很大的回报，这是一种性价比很高的社交方式。赞美同事会在日后更容易得到同事的帮助；赞美领导会更容易得到重用；赞美下属会使其更乐意为你效劳。真诚的赞美才会使对方获得心理上的愉悦，也极具感染力，这是虚情假意比不了的，真诚的赞美就是源自心底的呼唤，而且也只有真诚的赞美才会收获良好的效果。

日本加藤清正家的老臣饭田觉兵卫有勇有谋，是一位不可多得的武将，在加藤清正离世后，他的宗族也被追加了爵位，出乎意料的是，觉兵卫辞官，在京都过着自己的日子。他对别人说：“第一次，我在战场上立功的时候，我看见很多战友死在我面前，当时，我就想，再也不要当武士了，这一切都太可怕了。可是，我回到阵营，就受到加藤清正将军的夸奖，还赐给了我一把名刀，一下子，不想当武士的念头就被打消了。可是，之后每次在战场上，看到眼前的一幕幕，我都会有不想当武士的念头，可是回到营地，夸赞和奖赏就让我忘了那个想法。我的心一直在摇曳，但一直服侍清正公，没有动摇。现在看，清正公把我利用得刚刚好。”

饭田觉兵卫是多么英勇的武士，可是在面对战争时，也会害怕，也会想到退步。但是，加藤清正的赞美却让他一次又一次走上战场，把自己的一生贡献给了国家。这就是加藤清正的高明之处，通过真诚的赞美，让饭田觉兵卫衷心效忠于国家，心甘情愿为自己效力。我们在赞美对方，希望对方为我们做事时，有以下几点建议：

1. 赞美源于细微处

每个人都有长处或优点，能够抓住别人不那么关注的点进行赞美，更容易体现自己的“特别关注”。这就要从细微处着手，比方：“你这件衣服设计真独特”“为这么一个小错误，你就重新做了一遍，可真是认真”，这些赞美都会像春风般温暖他人的内心。

2. 给对方一顶高帽

求人办事，最重要的是要让别人自愿同意帮忙，这个时候给对方戴一顶高帽可以起到事半功倍的作用。比方“你最近工作可真是优秀”这些赞美之词，会让对方的心情愉悦，我们的请求也更容易得到满足。

3. 一定要肯定对方

对一个人的肯定就是对这个人价值的认可，对这个人能力钦佩的表达。越是听到别人对自己的肯定，对方的心理暗示就越强，越会按照这个方向去要求自己，努力做到更好，我们的目标也就顺水推舟达成了。

要会看人说话

生活中，会做事的人在说话上也有所讲究，根据不同场合、不同对象调整自己的语言表达，这样不仅会给自己和别人留有空间，还会有助于接下来的交往。每个人在不同的场合都有不同的身份，扮演着不同的“角色”，哪怕是在家里，也有不同的身份，对于孩子，就是父母，而在父母面前，就是子女。由于角色的不同，语言表达的口吻和语气也应该有所不同，如果用对子女说话的方式跟父母说话，不免就会被指责不敬，而如果用对父母说话的语气对子女说话，就有失父母的威严。所以，在生活中，一定要根据不同的场合、对象，调整自己说话的口吻和语气。

比方说，上班面对顾客时，要有技巧，不能用生硬的口气，说一些套话来糊弄客户；面对上司时，说话要尊敬，不能出现花言巧语，更不能嚣张待之。即便是同样的语言，根据不同的场合也会有所变动，有些语言的场合局限性很大。比方说，在家中与爱人的窃窃私语，万万不可出现在公共场合。所以，根据不同的场合和对象，选择最准确、恰当的语言，更有助于表达清楚自己的想法。

有这么一个小故事：有人请客，但是比约定的时间已经过了一些，还有一半客人没有到场，主人便焦急地说：“这怎么回事，该来的不来。”这话被一些心思敏感的客人听到就会想：“该来的不来，那我是不该来的了。”于是，便悄悄离开了。

主人看着有一些客人又走掉了，越发着急地说：“不该走的又走了。”剩下的客人听到这些话，不免心想：“那我们是该走的了。”于是都走了。

这时候，只留下了一位和主人关系比较亲近的朋友，便走过来对他说：“你刚才说的话，不合适，多让人误会啊，以后说话仔细过过脑子呀！”主人听到自己被朋友这么质疑，赶忙辩解：“我也没有让他们走啊！”朋友听了一下子火冒三丈，说：“没有让他们走，那就是让我走了。”于是拉开椅子便离开了。

以上的现象虽然不见得我们能遇到，但是我们不免会遇到一些说话太过夸张，丝毫不理会旁人感受的人。他们喜欢在公共场合大声说话，企图通过这种方式来吸引他人的注意，或者就是公然谈论某人的缺点，随意打断别人，对别人说的话不管不顾。殊不知，他们这些行为无意中就会得罪很多人，人家虽然不一定会表露出来，但是在心里已经厌恶这种人。

英国女王维多利亚与丈夫阿尔伯特的感情很好，两人一直相亲相爱地生活在一起。维多利亚身处君位，每日忙于应酬和公务，而阿尔伯特却不善社交，对政治也不敏感。

有一天，维多利亚女王在深夜才结束一天的工作，可当她疲惫地回到卧室，却发现房门紧闭，便敲门，只听到丈夫说：“谁啊？”维多利亚大声说：“女王！”但是并没有听到开门的声音，丈夫的声音再次传来：“谁啊？”维多利亚又说：“维多利亚。”但是，房门依旧没有打开，维多利亚再次敲门，丈夫接着问："谁啊？"维多利亚一天的劳碌仿佛瞬间不见了，温柔地说："你的妻子。"话音刚落，丈夫就微笑着把门打开，牵着维多利亚的手进去了。

在众人面前，维多利亚是女王。但是在家中，对于阿尔伯特来说，她是一位妻子。在宫廷里，维多利亚对着官员们说话严肃认真，可是对自己的丈夫就要温柔和善。这就告诉我们，说话要分场合，只有在合适的场合，语言才有其效果。

1. 分清场合再说话

说话一定要注意场合，有些人讲话不分场合，随心所欲，想到什么说什么，信口开河，这就是不会说话的表现之一。不同的场合，想要达到不同的目的，表达不同的想法，就要说不同的话，用不同的方式表达，才能有理想的效果。

2. 看对人也说对话

俗话说："人上一百，形形色色。"这句话是说，每个人的性情和秉性都有所不同，我们面对不同人的时候，一定要注意自己的言辞表达，根据说话对象的脾气性格做出调整，做到"求神看佛，说话看人"。

朋友多，路好走

俗话说："多个朋友多条路，多个仇人多堵墙。"现代社会纷繁复杂，一个人的力量太单薄。很难独挑大梁，做成大事，凡事都需要朋友多帮助。身边的朋友就是自己最宝贵的资源。生活中，经常会见到一些人办事很顺利，但是并不见得个人能力很强，大多是依靠自己的“朋友”。这些人往往很善于培植人脉，关系网铺得很好，而且很会处理人与人之间的关系，有时候这个朋友托他办的事，他请另一个朋友来帮忙，这就是“资源整合”，也是巧妙的“移花接木”，这样一来，他的朋友越来越多，一旦遇到什么麻烦事，朋友们都会伸出援手，事情自然不会有太大的阻碍。

软银亚洲投资基金 CEO 阎焱，1982 年从南京航空学院毕业后，1986 年被北京大学授予社会及经济学硕士学位，1987 年被美国普林斯顿大学授予国际政治经济学博士学位。而阎焱能够去美国攻读博士的契机在于他在研究生期间认识的一名外籍老师——RogerMichiner，RogerMichiner 是美国普林斯顿的学者，前来中国访问，两人经常一起聊天儿，RogerMichiner 很欣赏阎焱，也是他主动提出可以帮助阎焱写一封推荐信，去美国留学。

不久后，阎焱通过自己的努力通过了托福考试，接到了美国普林斯顿大学的录取通知书，并且还有四年全额奖学金，在美国的四年，RogerMichiner 还在生活中给予了阎焱很多帮助。1986 年 8 月，阎焱回忆说：“我在美国的第一天住在 RogerMichiner 教授家里，他对我很好，他是我在普林斯顿大学的专业教授，我毕业已经很多年了，我们的友谊一直到现在都很好。”

阎焱赴美深造的机会和外籍老师的推荐信是分不开的，而且在那位外籍老师的推荐下，阎焱在美国的生活也很顺利，而且结识了很多朋友。在自己的努力和朋友们的帮助下，阎焱成了软银亚洲投资基金的CEO。西班牙著名作家塞万提斯说：“重要的不在于你生在什么家庭，而在于你有什么样的朋友。”有时候，能力相当的两人的差距就是因为身边的朋友而拉开。

李先生终于成立了自己的公司，实现了自己的梦想。这个时候他最想感谢的就是之前一起吃饭喝酒的朋友小张，当时小张只是一个小员工，但是李先生从来没有看轻过他，两人一直以好朋友的方式相处。之后由于工作的关系，两人失去了联系。

几年后的再度相见，小张成了大公司的老板，李先生打心底里为自己的朋友感到高兴。小张了解到李先生在筹备自己的公司，可是由于资金问题暂时没有完全落实，便爽快地答应要给李先生融资，还特意表示，如果需要可以多借给李先生一些，这很出乎李先生的意料。谢过小张后，李先生就投入到自己公司的筹备中来。李先生十分感谢小张对自己的帮助，两人的联系也渐渐恢复了，而且两人的关系越来越好，已经成了彼此最信任的人。

当小张还是一个小员工时，李先生真心待小张，把他当朋友一样相处，后来因为工作关系失去了联系，再见面，小张摇身一变成为了大公司的老板，还给了李先生及时的帮助，李先生自己的公司才创办起来。可见，多个朋友多双手，平日里真心对朋友，关键时候朋友就会向自己伸出援手。

1. 朋友是人脉资源

有这么一句话在好莱坞流行："一个人能否成功，不在于知道什么，而在于认识谁。"可见，人脉是一个人走向成功必不可少的因素，而朋友就是最好的人脉资源。平日里细水长流的投资，就能在关键时刻得到泉涌般的回报。在生活中，大多数人交朋友之初不会带着利益的目的，但是随着交往越来越深，联系越来越多，朋友在关键时刻就会帮上忙。

2. 人情相互知冷暖

毫无疑问，朋友之间的联系应该是相互的，当你遇到麻烦时，朋友伸出了援手，当朋友遇到困难时，你也应该竭尽全力帮助朋友。如果你只是希望单方面获得朋友的帮助，自己并不想付出，那这样的友情是经不住时间考验的，时间久了，没有朋友不说，就连曾经的朋友也许还会变成敌人。

让别人亏欠你

曹操的儿子曹植是个文人，一向反感结党营私，而且完全是个外行，因此受到其兄曹丕的排斥，郁郁寡欢之下写下："利剑不在掌，结友何须多？"现代社会，也有一些像曹植这样的人，通常被定义成社交恐惧症，做事情时没有得力的助手，最终以失败告终。其实，很多时候，社交恐惧症源于内心，总是觉得会因为麻烦别人欠下人情，就不好意思请人帮忙。实际上，人情和钱财是一样的，在相处中，我们要力争做到宁肯别人欠自己人情，也不愿欠别人。

孟子曰：“天时不如地利，地利不如人和。”这里的“人和”其实就是人际关系。孟子早在几千年前就提出人际关系的重要性。实际上，人际关系是一种情感互动，人们从交往中收获温暖、友情和爱，生活也因此充满热情。爱和感情是每个人都不可或缺的部分，而针对人性需要、感情的渴望而进行的投资就叫感情投资。

《我是最会赚钱的人物》的作者藤田田曾指出，日本麦当劳每年都会支付巨资给医院用以保留病房，而这些就是为麦当劳职工及其家人留下的意外解决方案，一旦有意外发生，可以及时就诊，减少了很多麻烦。

有人就这件事问过藤田田，如果几年这笔钱都没有用到，那岂不是白花了？藤田田却说：“这笔钱买个安心，也是有意义的。”藤田田坚守这样一个信条：对员工进行情感投资，是值得的，宁愿员工感觉欠着我，我也不能欠他们。感情投资能激发员工的积极性，从而创造的财富是其他投资所达不到的。

对员工进行感情投资可以说是藤田田的成功秘诀之一，员工在工作的时候是很渴望得到上司的肯定和关心的，这些会让员工自发加倍努力地工作，这是员工回报的心理提高了他们的工作热情，想要去弥补老板的这一份付出。藤田田就是洞悉了这样的心理，运用合理的感情投资来稳定员工，自己的企业也就稳定了。

胡雪岩说：“欲无办大事之难题，必先倾全力做到圆世道、圆身心。”这其实就是在强调人际关系对于商业的重要性，这个社会处处充斥着人情，人与人之间的关系本质上还是情感的维系，感情投资显得尤为重要。俗话说：“没有春风，唤不来秋雨。”就是在说这个道理。你对他人的感情投资其实就是别人欠你的人情，和理财投资一样，投入越多，人情越丰厚，在你困难的时候，愿意帮助你的人就越多。相反，人情可以储蓄，千万不能透支，到处欠下人情，总有一天大家都会躲避你。

1. 感情投资最有效

人是有感情的动物，感情投资就好比是在感情账户上储蓄，是一个赢得对方信任的过程。当你遇到苦难时，就是储蓄发挥作用的时候，会为你换来鼎力帮助。每个人都需要爱，而感情投资就是针对感情的渴望的投资，满足了别人对爱的需求，这是一种最有效的投资。

生活中，关爱他人、善待他人、帮助他人都是感情投资。对病中好友的真诚探望，为伤心的朋友送上一束溢满花香的鲜花，看似平凡的举动，都会在他人的心中激起层层涟漪。平日里的热情、赞美和微笑，都是感情投资，哪怕有些是无意识的，但是都传递着我们的真情实感，而无限的感情和真挚的友谊就是我们最大的收获。

2. 平时人情宜储蓄

“己所不欲，勿施于人。”同样，你希望自己怎样被对待，那就怎样去对待他人。感情投资和钱财的储蓄很相似，这些储存在你感情账户里的投资，就是平时真诚的关怀和亲切的问候，存入的越多，感情就越深厚，获得的回报也就越多。

淡化办公友情

办公室到底有没有真正的友情？这个问题困扰着很多人。其实，这个问题并不难回答，办公室是办公事的，并不适合培养友情，点到为止即可。因为真正的友情在开始的时候是不含利益的，这是纯粹的友情开始的基础，而办公室就是一个处处存在利益冲突的地方，连友情开始的基础都没有，何谈真正的友情。一旦有利益冲突，原本表面上光鲜亮丽的友情就像阳光下的泡沫一样不堪一击，最终成为陌路人甚至仇人。办公室就是分配利益的场所，所有的人都存在竞争关系，这样的场所根本不是友谊孵化的环境，不可能有真正的友谊。对此，告诫那些天真的人：办公室友情，点到为止。

莉莲和露娜是公司成立之初就一起任职的两个女孩，作为办公室仅有的两个女孩，两人的关系很要好，上班、下班、吃饭都在一起，形影不离，甚至连对方的隐私都知道几分。莉莲觉得自己找到了好朋友，办公室不交友的铁律在她们两人身上根本就不存在，而且，她对自己的这段办公室友谊很有信心。

可是，令莉莲没想到的是，上周偶然得知，露娜一直在和办公室的一位男同事交往，看样子两人已经确认恋爱关系半年多了，但是这个消息还是别人告诉莉莲的。莉莲顿时觉得她们之间的友谊和她想象的不一样了，自己像是受到了欺骗一样。

故事中的莉莲和露娜看似一对职场好友，其实却只是莉莲的一厢情愿跳进了自己假想的友情旋涡。她天真地以为自己找到了办公室友情，可是这只是她对同事间表面的互助和关怀的误解。其实，这只是一种潜在的竞争关系，当没有利益冲突的时候，表面上都是风平浪静，但是一旦有竞争，表面的假象瞬间就会瓦解。同事之间应该有距离，知道什么可以说，什么必须保密，这也是出于自我保护。真正的友情应该是很纯粹的，不应该带有利益性，所以，这也就是为什么我们称呼工作上的伙伴为“同事”“拍档”等，很少会提到“朋友”二字的原因。职场上的关系很复杂，没有必要把这一关系与友谊混淆，即便是和同事间有交情，点到为止即可，不要投入过多，这不是一项合适的感情投资，最后自己可能会从中受到伤害。

大学毕业后，林木木把自己大学最要好的朋友王雪介绍到了自己工作的公司，两人都在销售部门工作，但是分管不同的领域。这期间，两人还是像大学时那样，每天空闲的时候就在一起聊天儿，互诉工作上的烦恼，一起喝咖啡、吃饭、逛街，一切看起来都和大学时那样恬静美好。

半年后，公司调整了她们的工作，两人都成了销售人员，成了真正的竞争者，每天要面对客户和同事的比较。公司开年会的时候，同事们之间也会说：“要说林木木介绍来这个王雪，工作能力可是比林木木还要强啊！”“对啊，很多客户也反映愿意和王雪打交道，这个女孩子说话办事都很规矩。”王雪听到同事们这么说，自然会觉得不好意思，但是林木木的脸色就没这么好看了，自己比不过同学，自然心里很不是滋味。

又过了一段时间，王雪觉得林木木好像对自己没以前那么亲密了，一直有所戒备的样子，两人的聊天儿也从来没有涉及过工作了，还发生过不接自己电话的情况，见面问她的时候，口气也很冷漠。王雪没想到曾经那么要好的两个朋友，居然因为办公室的竞争毁掉了，王雪觉得很惋惜，可是也没有什么补救的方法，只好离开了这个伤心之地，辞职了。

其实，办公室就是一个小社会，很多友谊都是在办公室里分道扬镳的。像林木木把自己好朋友介绍来自己公司，两人的友谊最终没有比得过办公室的竞争，最终毁于一旦。有这么一句话很精妙地诠释了办公室关系：“办公室可爱的人很多，可靠的人很少。”显然，处在一个办公室的人，都是潜在的竞争对手。

1. 何谓办公室友谊

在职场里保持良好的人际关系是必须的，但是，涉及办公室友谊，其定义并不能等同于常见的纯粹的朋友，这是一种利益相关的关系。如果你对自己处理利益问题、工作问题没有很大的信心，就不要发展办公室友谊，单纯地在这个地方做好自己该做的事就好。

2. 交情绝不是友情

在工作中，不免会发现一些能力、人品等各方面都不错的同事，但在同一职场下，很难和他们建立深厚的友谊。很多同处一个办公室工作的人都是泛泛之交，谈不上真正的友谊。

办公室虽然是简单的办公场所，但因为绩效的原因，所以也包含着竞争。处在竞争关系中的人，很少有推心置腹的朋友。在职场中的聪明人，往往会尽力做好自己分内的工作，不会投入过多的私人感情。

办公室是工作的场所，而不是友情的孵化场。我们知道，在职场中建立的友谊，都是合作关系，如果一旦牵涉到个人利益，相信大多数人做不到净利益拱手相送。

在意朋友帮助

朋友是人一生最宝贵的财富之一，这是金钱和名利所不能比的，真正的朋友也是不能通过金钱得到的。尤其是对于身处困境、心情低落、意志消沉的人，朋友的安慰可能挽救你于水火之中。也许朋友就会为你点亮迷途中的明灯，哪怕只有一点儿微弱的光，也会将你内心的阴霾一扫而光，能让你鼓起勇气再度前行。有些人个人能力很强，他们觉得自己能解决的问题就不要麻烦别人，虽然是朋友，但是不到十分需要帮助的时候，不要去打扰别人。这样的想法也不错，但是并不可取，因为在人际交往中，有来有往才叫交往，礼尚往来才能增进彼此的感情，人脉也是在不断交往中延展的，而且在人脉的帮助下，有些原本比较困难的事，真的会迎刃而解，事半功倍。

1. 切莫孤傲行万事

在岁月的长河中，总有一些能力强的人被历史铭记。这些人中不乏性格孤傲的人，他们认为自己所有的一切都是靠自己的努力得来的，没有什么可以阻止他们前进，任何问题都可以在自己的努力下得到解决，成功一定是属于自己的。这样的人，从古代帝王到平民百姓，从领导到员工，屡见不鲜。

谢霆锋是香港著名的影视歌三栖明星，很有个性，个人能力也很强。第一次开演唱会的时候，开辟了不设伴舞的先河，背景也不换，三个小时的演出只有自己和乐队完成。电影中的他做到了戏如人生，到位的演技让观众止不住地连连赞叹。谢霆锋的个性十足而且充满挑战性，他会在演唱会上因为情到深处而唱到流泪，也敢于在演唱会上带领歌迷痛骂香港八卦媒体。这是他直爽的性格和孤傲的个性，可是他也因此尝到了不少辛酸，受到了很多挫折。

谢霆锋的能力不容怀疑，可是凡事只靠自己很辛苦，而且会让朋友觉得你在和他见外，时间长了也不利于友情的发展。

1. 一视同仁的友谊

朋友有很多，有的能力超群，有的也很普通。有时候我们总以为只有那些能力超群的朋友才能帮得上自己，殊不知，这样会伤害一些朋友的自尊心，对朋友的漠视会疏远你们的关系，所以，对待朋友一定要一视同仁，真诚以待。

2. 正视朋友的能力

面对朋友帮助的时候，一定要摆正心态，不要表现出不信任，这样一来，朋友受到了怀疑，就很难一如既往地真心对待你，你们的友谊也会受到伤害。孤军奋战往往要耗费更多的时间和精力，但是在朋友的帮助下，事情就会变得容易，避免了很多弯路。

从容应对一切

我们都希望自己的一生幸福而平静，但是，生活的乐趣就在于它的不可预见性，当我们面对一些意外的时候，不免会有心情波动，我们需要时常抚慰自己，让自己保持从容冷静的心态。

20 世纪 50 年代初，美国总统杜鲁门会见麦克阿瑟将军，这位将军的傲慢众人皆知。会见时，麦克阿瑟嘴叼烟斗，准备划燃火柴时，问杜鲁门："你不会介意我抽烟吧？"很显然，这并不是真诚征求对方同意，因为他已经做好了抽烟的准备。这个时候杜鲁门很难说出不同意，于是杜鲁门笑着说："没关系，将军，你喷到我脸上的烟雾，要比喷在任何一个美国人脸上都多。"

杜鲁门用开玩笑的语言表达了自己的不满和无奈，而且表现了自己的大度。倘若他没有平静地看待这件事，可能会导致大的矛盾。

生活中，我们确实会遇到一些伤害，此时更要保持内心的平静，冷静思考，寻找解决问题的方法，遇事不怕事，坦然面对，不慌不忙才能得到圆满的结果，做到心中没有遗憾。如果遇事着急，心理压力更容易加大，会带来很多不利的影响。首先，不利于身体健康。其次，会怀疑自己的能力，甚至质疑自己的人生，丧失信心。

在我们身边总有这样一群人，临危不乱、处变不惊，无论遇到什么事，都能泰然自若，不乱方寸，我们要怎样才能做到如此呢？

两只青蛙不小心掉到了一个木桶里，桶里装满了黏稠又浑浊的牛奶。一只青蛙就在叹气：“完了，要死在这里了。”于是它都没有尝试，便沉入了桶底，再也没有起来。可是另一只青蛙心想：“我一定要坚持游，会有人发现，然后救我出去的。”于是它不停地滑动四肢，保持身体平衡，没想到牛奶在它的搅拌下，逐渐变成了坚实的奶油，它便两腿一蹬，跳了出来。

人生不可能做到一帆风顺，人生路上必然充满坎坷，如果你没有一颗强大而从容的心，一定会被这个残酷的社会所抛弃。故事中的两只青蛙代表两种人生态度，积极的人会从容不迫，勇往直前，在不断地磨砺下，脚下的路会越走越坚实；消极的人缺乏进取精神，遇到困难就会自暴自弃，被社会淘汰也是必然的。

1. 学会转移注意力

当自己深陷一些困难的事，让你心烦意乱，这个时候最要紧的就是转移注意力，冲淡不良情绪，恢复内心的平静。

2. 遇到事反应得体

我们遇到不平之事，难免会有情绪波动，但是不能意气用事，要保持冷静，心平气和地处理事情，既要让他人知道错误所在，又不能不给对方一点儿情面。

3. 将心比心不会错

我们说话、做事的时候能够站在对方的角度考虑问题，这样一来，就更容易客观辩证地看待问题，也就不会迁怒于人，自己心态也更容易平静下来。

4. 宽容大度处事佳

凡事能用宽容大度的心态去处理，就能在很大程度上保持平静。矛盾总是会在人与人之间存在，哪怕是最亲近的人也难以避免，只要不涉及原则问题，与人为善、宽大为怀是最好的处理方法。有理不让人，无理辩三分是最不可取的，容易伤了和气，得不偿失。

总之，面对意外，要保持冷静，控制自己的情绪，认真思考解决问题的方法，不生闷气，才能更好地控制事态的发展。

积极乐观处世

人生不过数十载光阴，任何人都不能预知未来。面对困难和挫折，我们一定要保持一颗坦然的心，积极乐观地应对，不对现实绝望，逆境总会过去。不要沉溺于过去的痛苦中不能自拔，这个时候，更要给自己强大的心理暗示，一定能够战胜困难，要用勇气去面对困难，最终一定会以顽强的意志战胜困难。

第二次世界大战期间，德国纳粹集中营中，德国看守士兵要求与英国战俘一同踢球。英国士兵贝鲁姆之前是一名优秀的狙击手，也很善于踢前锋位。这表面上是比赛，可是强壮的德国士兵和整日没有饭吃的瘦弱英国战俘一起比赛，明显是不公平的，由于体力不支，英国战俘失败后就被奚落为猪。

但是，圣诞节前的一场比赛却让在场的德国军官都感到吃惊，贝鲁姆赛前吃了狱友攒下来的黑面包，体力完全可以应付一场比赛。赛场上，他像野马一样打破了德国士兵的防守，在禁区一脚抽射，这是比赛开始以来英国战俘射进去的第一个球，虽然，最终还是德国士兵取得了胜利，但是却打破了他们不败的神话。最后被秘密处死的贝鲁姆成了集中营中英国人的信念支柱。

五十多年后，英国一家体育电台播出了这个故事，上千个电话打了过来，其中一位是贝鲁姆的战友，他说，贝鲁姆的进球点燃了无数个英国人的希望。

其实，贝鲁姆的胜利源自他内心的信念，他的积极乐观让他在恶劣的环境中依然保持向上的心态。

显然，人生就是一场比赛，有巅峰有低谷，只要还在比赛中，就有获胜的可能。天才不一定会有称心如意的人生，只有在心中常常播下希望的种子，才能够摆脱人生的困境。

生活中会有一些人因为受到挫折就一蹶不振，悲观失望，压力越来越大。换个角度看问题，把困难看成是另一种期望的开始，暗示自己，希望无处不在，这样才能打倒困难。

那么，我们怎么样才能培养乐观的精神呢？

1. 摒除消极的习惯

首先要摒弃生活中消极的习惯，不说消极的言论，远离消极的事情和人，给自己强大的、充足的、乐观积极的心理暗示，把自己的心态保持在一个较活跃的状态，才能更好地面对生活中的种种困难。

2. 听振奋人心之乐

音乐是一种神奇的力量，能够洗涤人的心灵。以此做类比，多接触一些积极的信息，多和乐观积极的人相处，在潜移默化中把自己也培养成心态良好的人。

3. 从事有益的活动

平时，多关注一些介绍自然美景、家庭健康的节目，多从事一些能够把自己的心态调动起来的积极的活动，学会筛选，不要跟风。这就好比给心灵穿衣，适合自己的才是最好的。

快乐非常重要

人的一生想要达到的最终目标就是快乐，快乐是衡量幸福的标准。怎么定义快乐呢？字典中写道：觉得满足与幸福。德国哲学家康德认为："快乐是我们的需求得到了满足。"的确，快乐就是一种美好，身边的环境都是美好的。然而，凡事都有对立面，快乐也不例外，痛苦与快乐相伴相生，是生活的主旋律，我们不应太过看重痛苦和欢笑本身，在两者间的选择才更重要。

一个农夫把两只水桶掉在了井口上，一个说："你看起来不开心，怎么了？"

"唉，我就这样被吊起来，刚刚装满水，转眼就又空了，好没意义。"

"不是的啊，你这样想，我们空空地来了，满满回去，多有意义啊！"

其实，在生活中就是这样，相同环境中的人会有不同的理解，有人觉得幸福，有人觉得不幸福。面对大海，有人说大海真美，有人却说大海淹死过很多人。这其实就是两种截然不同的处世态度。

人生路漫漫，快乐的情绪很重要，就好比是把生活调配出多姿多彩的颜料。快乐也蕴含着很大的能量，其背后有强大的生命力和创造力，懂得享受快乐的人，往往是忙碌、有活力的人，而这样的人往往更容易走向成功，收获快乐的人生。

那么，我们怎样才能有快乐的情绪呢?

1. 承认痛苦的存在

这一天，本在哈佛的食堂用餐，一个学生走过来说："想必您就是那位教人快乐的老师吧？我的室友选了您的课，要是哪天我发现您不快乐的话，我就告诉他不要再上您的课啦。"本笑着回答：“没关系，我肯定会有不快乐的时候，因为我们都是人。”

2. 着眼眼前的工作

一群年轻人踏上寻找快乐的旅途，可是一路走来却遇到的全是烦恼、忧愁和痛苦，便向苏格拉底请教快乐在哪里。苏格拉底没有回答年轻人的提问，反而请他们先帮自己造一条船。

年轻人放下寻找快乐的事，用了整整五十天，为苏格拉底造了一条结实的独木船。年轻人把苏格拉底请来，在船上划桨唱歌，苏格拉底问：“孩子们，你们快乐吗？”年轻人用力地点头，苏格拉底接着说：“快乐就是这样，不需要你去找它，它自然会来找你。”

3. 只跟自己做对比

真正的快乐从来都是源自内心的，不是和他人的较量得来的。可是，孩提时代的你就无时无刻不在感受来自各方面的压力，年龄越大，压力越大。往往在你十分想要表现优异的时候，反而就失去了生活的快乐，每一天都变成了和他人的对比。这个时候，不妨放下世俗的衡量标准，只跟自己比，知道自己不足，慢慢进步，尽力去做，相信今天一定会比昨天好。